シリーズ「遺跡を学ぶ」079

葛城の王都

南郷遺跡群

坂 靖・青柳泰介

新泉社

葛城の王都
―南郷遺跡群―

坂 靖・青柳泰介

【目次】

装幀 新谷雅宣
本文図版 松澤利絵

第1章　葛城の王都

1　葛城氏と南郷遺跡群

大豪族、葛城氏

葛城《かづらき》氏は、奈良時代に編纂された歴史書である『古事記』や『日本書紀』（以下、両書を記紀とよぶ）にたびたび登場する大豪族である。天皇と親戚関係になって朝廷のなかで権力をふるったとされ、奈良盆地の西南部、金剛《こんごう》山や葛城《かつらぎ》山の山麓部（現在の御所《ごせ》市や葛城《かつらぎ》市のあたり）に勢力を誇っていたと考えられてきた。

この葛城氏にかかわる巨大集落遺跡が、発掘調査により忽然と姿をあらわした。御所市の南《なん》郷《ごう》遺跡群である（図1）。

まず、『日本書紀』から、南郷遺跡群にかかわる重要な説話を紹介しよう。

図１ ● 南郷遺跡群全景（北上空より）
南郷遺跡群は、金剛山の東麓部、東西 1.4 km、南北 1.7 km、面積にして約 2.4 km^2 に広がる巨大集落遺跡である。

葛城高宮

葛城氏の祖は、葛城襲津彦《かづらきのそつひこ》である。朝鮮半島では新羅《しらぎ》・高句麗《こうくり》と百済《くだら》・倭《わ》の戦闘がつづいていたが、襲津彦は神功《じんぐう》皇后に命じられ将軍として参戦し、英雄的な活躍をする。あるとき、新羅の王の使者がきて襲津彦を欺き、人質になっていた微叱許智伐旱《みしこちほっかん》を奪還した。そこで、襲津彦は使者を焼き殺したあと、新羅まで遠征し、草羅城《さわらのき》（現在の韓国慶尚南道梁《キョンサンナムドヤン》山《サン》）を攻め落として帰還した。そのときの捕虜が、「葛城四邑」とよばれる桑原《くわはら》・佐糜《さび》・高《たか》宮《みや》・忍海《おしぬみ》という四つの村の漢人《あやひと》らの始祖になったという（『日本書紀』巻第九、神功皇后摂政五年三月条）。

のちに襲津彦の娘の磐之媛《いわのひめ》は、仁徳《にんとく》天皇の皇后となった。仁徳天皇は、磐之媛が紀国に出かけたときに、かねて妃としたいと思っていた八田皇女《やたのひめみこ》を召した。それを知った皇后は怒って、天皇の待つ難波津《なにわのつ》を素通りし、山背《やましろ》（京都府南部）から倭《やまと》（奈良県）に向かった。そして、那《な》羅山《らやま》（平城山《ならやま》丘陵）を越えたとき、次の歌を詠んだ。

つぎねふ　山背河《やましろがは》を　宮泝《のぼ》り　我が泝れば　青丹よし　那羅を過ぎ　小楯《をだて》　倭を過ぎ　我が見が欲し国は　葛城高宮　我家《わぎへ》のあたり

（難波宮を通り過ぎて、山背河をさかのぼると奈良を過ぎ、倭を過ぎ、わたしの見たいと思う国は、葛城の高宮のわが家のあたりです）

（『日本書紀』巻第一一、仁徳天皇三〇年九月条）

嫉妬のすえ、磐之媛が偲んだのは実家のある高宮であった。これら説話の真偽はさておき、問題としたいのは葛城氏が「葛城四邑」をみずからの支配領域に設けたということ、そして、その四邑のなかでも、その中心的な人物が高宮で生活していたということである。

わたしは、南郷遺跡群とその北側一帯を、この高宮に比定する。南郷遺跡群の所在地は、現在の行政区画の御所市南郷・佐田《さた》・井戸《いど》・下茶屋《しもちゃや》・多田《おいだ》・極楽寺《ごくらくじ》・林《はやし》にあたる。葛城の王はここでまつりごとをおこない、その傘下にあった渡来人技術者と一般住民に手工業生産をおこなわせるために、金剛山の東側山腹から山麓にかけての広大な土地を切り開き、さまざまな施設や建造物などをおいた。ここは、まぎれもなく葛城氏の支配拠点である。

葛城氏の実力

葛城氏は、さまざまな豪族のなかでもその活躍した時代が古く、どの程度の実力をもっていたのかについては諸説がある。天皇と同じくらいの力をもっていたという考えもあるし、それほどの実力をもちあわせていなかったとする考えもある。また、記紀をはじめとした史料から、葛城氏の系図などの研究もすすめられている。その人物が実際に存在したのか、あるいはどのような活動していたのか、まだまだ謎が多い。先に述べた葛城襲津彦も、実在したかどうかはさだかではない。『日本書紀』では『百済記』の記事が引用され、襲津彦を「沙至比跪《さちひこ》」と記している。そうした記事をもとに襲津彦を実在の人物と考え、南郷遺跡群のすぐ近くにある室《むろ》宮山《みややま》古墳をその墓と考える学者もいる。

また、襲津彦の子孫では、前述の磐之媛のほか葦田宿禰《あしだのすくね》、玉田宿禰《たまだのすくね》などが記紀に登場する。

さらに、『日本書紀』巻第一四、雄略天皇の即位前紀には、つぎの説話がある。

襲津彦の孫の円大臣《つぶらのおおおみ》の屋敷に、安康《あんこう》天皇を殺した眉輪王《まよわのおおきみ》が逃げ込んだので、屋敷を大泊瀬《おおはつせの》皇子《みこ》（のちの雄略《ゆうりゃく》天皇）の兵が囲んだ。円大臣は、娘の韓媛《からひめ》と自分の所領七カ所を差し出して許しを請うが、大泊瀬皇子はそれを許さず、屋敷ごと焼き殺したという。

和田萃《わだあつむ》氏は、南郷遺跡群内にある極楽寺ヒビキ遺跡で確認された遺構が、この円大臣の屋敷跡だという説を出している。この説については、本書のなかで検討することにしたい。いずれにせよ、葛城氏が、南郷遺跡群という巨大集落を支配拠点にして、その権勢の源泉としていたことと深くかかわっていると考えられる。まさに、南郷遺跡群の実態を解明することが、葛城氏の実力の解明につながる。

2 「大王」と「王」

古墳時代の巨大集落

葛城氏がさかんに活動をしていたのは、古墳時代である。

かつては、記紀などの記述をもとに、この時代は「大和《やまと》時代」とよばれていた。葛城氏をはじめとする血縁関係を基本とする集団（＝氏族）が、政治の中心のある大和にそれぞれ領域をもって、天皇を支えながら大和朝廷の政治を実行していたとされていた。

しかし、研究がすすむにつれ、「天皇」「大和」「朝廷」など、飛鳥・奈良時代以降に使われはじめた名称を使用することはおかしいという指摘や、古墳時代において、実際に氏族が活動していたかどうかについて疑問が出てきた。

古墳時代（三〜六世紀）は、箸墓《はしはか》古墳や大山《だいせん》古墳など巨大な前方後円墳がつぎつぎと築かれた時代である。大きな前方後円墳を築けるだけの政治的権力をもった人びとが、覇権をかけて競い合い、連合して、政治や外交を展開していった時代と考えられるのである。

さらに、最近の発掘調査によって、奈良盆地の各地において巨大集落を支配拠点とし、中央の政治にかかわっていた集団が存在したことが、具体的に明らかになってきた。本書でとりあげる南郷遺跡群（図2）は、まさにその代表格である。また、南郷遺跡群ばかりでなく、奈良盆地の東北部でも、巨大集落遺跡の発掘調査が進捗してきた。そして、それぞれが記紀にみえる氏族の支配拠点にかかわっている。天理市の布留《ふる》遺跡は物部《もののべ》氏の、和爾《わに》遺跡はワニ（和邇・丸邇・和珥）氏の支配拠点である（図5参照）。

残念ながら、記紀における氏族の記録は分散し、錯綜している。また、遺跡の実態と記録が、具体的な内容や年代まできちんと合っているわけではない。これはむしろ当然のことで、時代の流れのなかでは、実態と『日本書紀』が記す年代の間に、少なく見積もっても二〇〇年以上の時間差がある。さらにいうなら、記紀は古代国家の正当性を主張するために後付けされた記録であって、時代の変化のなかで、その伝説が散逸したり、改変されたりすることも十分あったと考えられる。実態と記録の間に、大きな差異が生じたと考えられるのである。

図 2 ● 南郷遺跡群とその周辺
この場所は現代においても、国道 24 号線と国道 309 号線が交差する交通の要衝である。

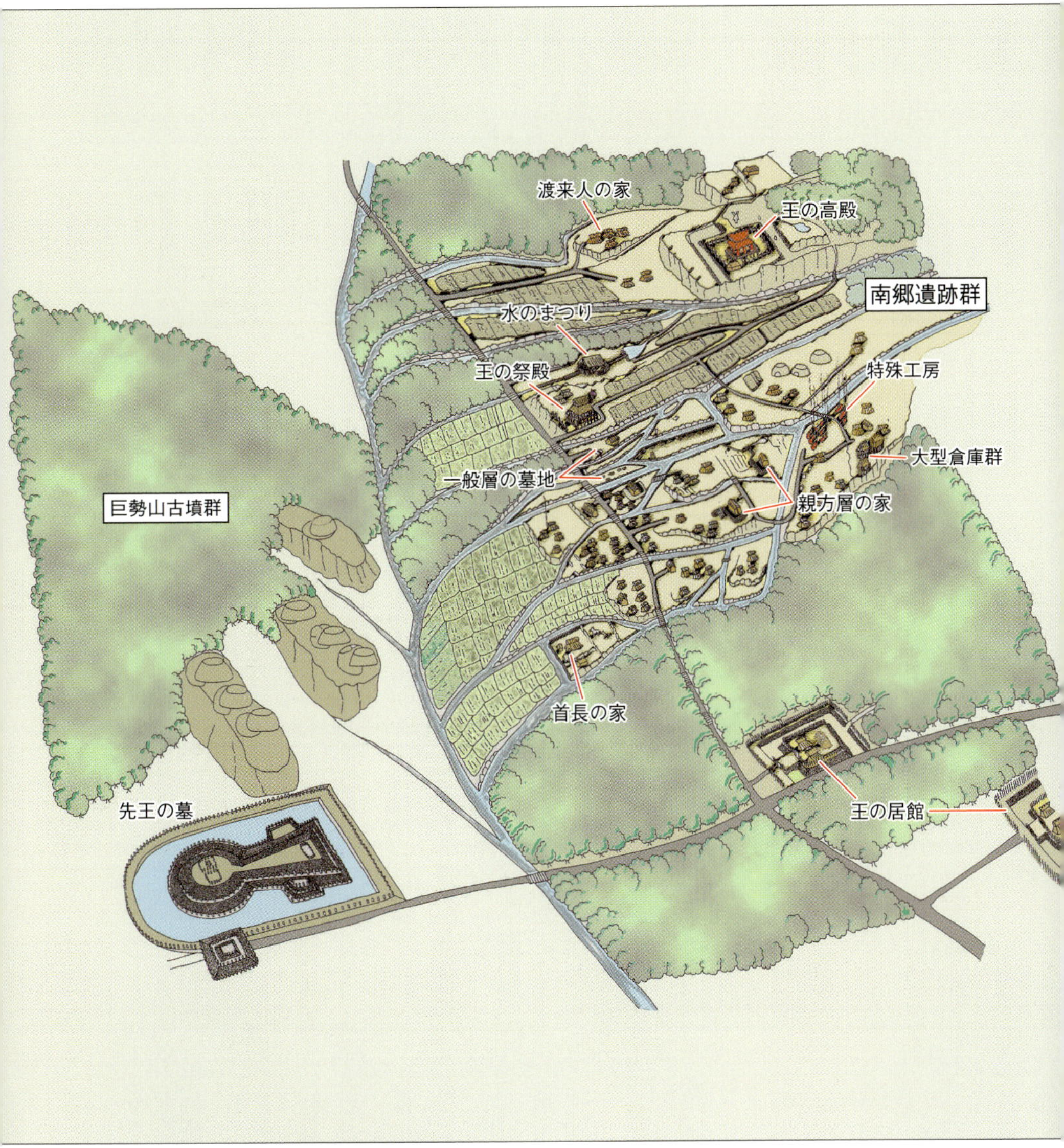

図３ ● 葛城の王都・南郷遺跡群の復元
図２をもとに、南郷遺跡群を中心とした復元イラストを作成した。
名柄遺跡の周辺の状況は、不明である。

大王と王

ここで重要なのは、奈良盆地のなかに巨大集落を支配拠点として活動していた集団が存在し、当時の政治を支えていたことが判明したという点である。

この集団が、記紀に書かれているとおり血縁的なつながりを基本とし、天皇と姻戚関係を結んで政治的影響力を発揮するような集団であったかどうかは、さだかではない。むしろ、氏族に関する最近の研究からすれば、その点についても大いに疑問がある。一方、南郷遺跡群を支配拠点とした集団が、奈良盆地内で一定の領域を占有し、その地縁的なつながりのなかで政治的影響力を発揮した集団であったことは、発掘調査の結果、事実として証明されたのである。それを「地域集団」とよびかえてもよいだろう。そうなってくると「○○氏」は、血縁的集団をさすことばであり、この用語を使うこと自体についても問題が出てくるが、本書では、政治的な地域集団をさす呼称として、便宜的にこれを用いる。

また、本書ではこの地域集団全体を統括した人物を「王」、中央の政治権力を「ヤマト王権」、ヤマト王権の中心にあった人物を「大王」とそれぞれ呼称する。一般的には、大王や王というと、国全体を治めた唯一の人格をさすわけだが、本書では便宜上、王と大王を区別したい。全国各地の王が権力争いをしながら、大王を推戴し、ヤマト王権の政治や外交を支えていた時代、それが古墳時代なのである。

南郷遺跡群は、地域に君臨した「王」が、その支配を貫徹するためにつくった「都」であった。それは、いわば「葛城の王都」とよぶべきものであった（図3）。

第2章　姿をあらわした「王都」

1　大阪・奈良・和歌山を結ぶ要衝の地

ヤマト王権の大動脈

大阪平野と奈良盆地を分かつのは、北側が生駒山《いこま》、南側が葛城山と金剛山である。古代には、今の葛城山と金剛山の二つをさして、葛城山と称していた。

金剛山と葛城山の間には、国道三〇九号線が走る。現在は水越《みずこし》トンネルが通っているが、旧道は水越峠越えである（図4）。奈良盆地の西南端の御所市室《むろ》から、同名柄《ながら》を経て、楠木正成《くすのきまさしげ》の出身地として名高い大阪府千早赤坂村《ちはやあかさか》に達する。奈良と和歌山を結ぶ幹線道路が、国道二四号線である。車を走らせ、御所市室付近に至ると、それまで葛城山を西に、東には広く盆地が見渡せたのに、急に巨勢山《こせやま》の山塊と金剛山の山腹の特徴的な景観によって、その視界がさえぎられる。巨勢山の山腹には、御所工業団地が、金剛山の山腹には、整然と区画された棚田《たなだ》が大

き く広がっている。道は、金剛山と巨勢山の間に挟まれた、葛城川沿いの狭隘《きょうあい》部にさしかかったのである。

南郷遺跡群のあるのは、この棚田のあたりである。この場所は、奈良から和歌山、そして大阪方面へ向かう国道が交差する現代の交通の要衝である。御所工業団地の誘致も、この交通の便があってこそおこなわれたのであろう。古墳時代においても、この場所が交通の要衝であったのは今と同じである（図4・5・11）。山塊がせまり、奈良盆地から五條《ごじょう》、和歌山方面に向かうにはどうしても通らなければならない場所であった。

朝鮮半島から瀬戸内海を経て、和歌山から紀《き》ノ川《かわ》をさかのぼり、五條で荷揚げし、陸路を通り、奈良盆地に向かうルートこそヤマト王権の大動脈の一つであった。紀ノ川河口部は、ヤマト王権の外港であり、紀氏の盤踞《ばんきょ》するところであった。そして、奈良盆地の入り口には葛城氏が盤踞し、渡来人技術者の

図 4 ● 金剛・葛城山と現代の交通路（東上空より）
右は葛城山、左が金剛山。手前の山は巨勢山。

指導のもと、当時の最新技術を導入して、南郷遺跡群では盛んな手工業生産がおこなわれた。まさに、それは「古墳時代の工業団地」であり、葛城氏の経済をささえたのである。

古墳時代の道路跡

南郷遺跡の南側、風《かぜ》ノ森《もり》峠近くの鴨神《かもがみ》遺跡では、和歌山方面へ向かう古墳時代の道路跡が確認された（図6）。長さ一三〇メートルにわたって検出された道路のうち四〇メートルは、高

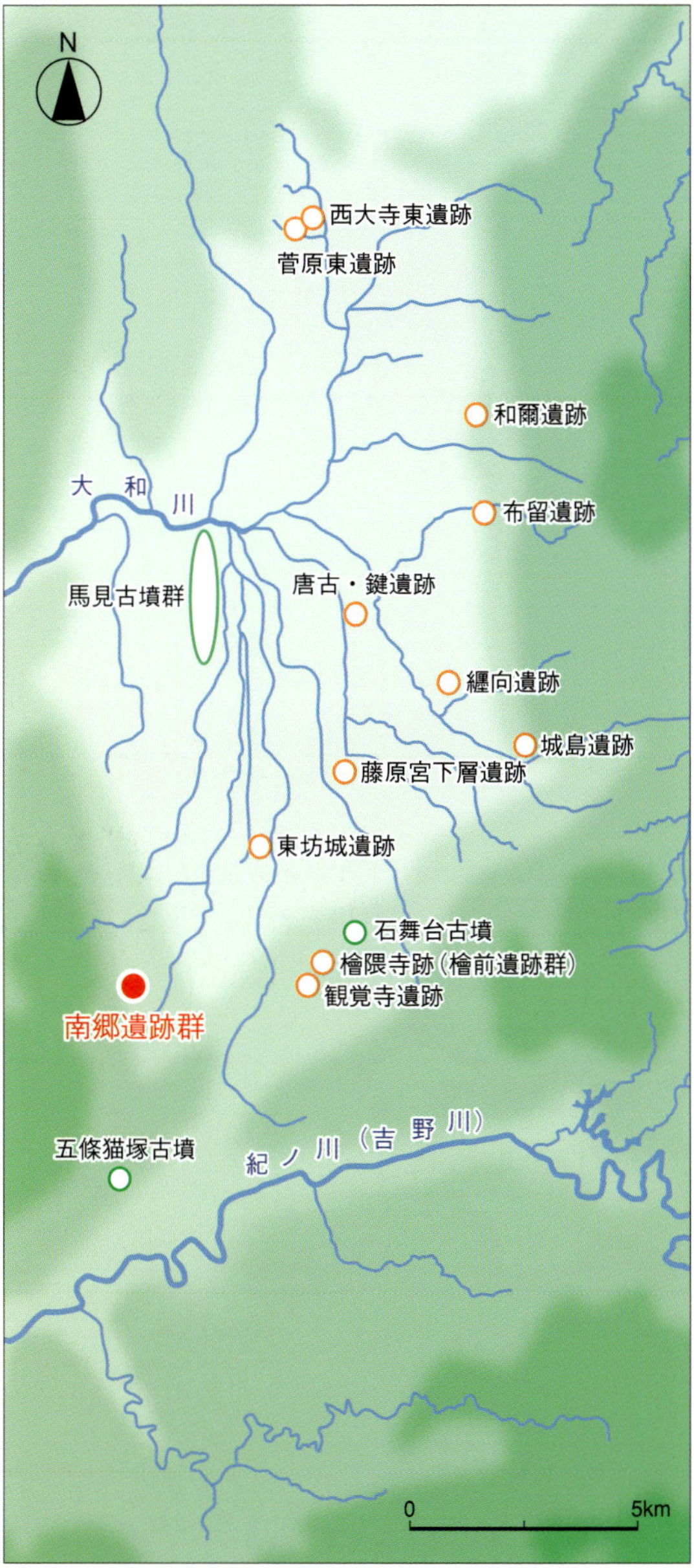

図5 ● 南郷遺跡群と本書に登場する奈良県の遺跡
南郷遺跡群は、大和川支流の葛城川上流にある。
葛城氏関連の遺跡は図11を参照。

さ一・五メートル、幅七メートルの切り通しで、路面にはバラスを敷いていた。奈良県で確認されたなかでは、もっとも古い道路遺構の一つであり、先ほどの大動脈を通じ、五條方面から陸揚げされた物資がここをさかんに往来したことが裏づけられる。この鴨神遺跡があるのは御所市鴨神だが、この近くには東《ひがし》佐味《さび》、西佐味という地名がある。第1章で述べた「葛城四邑」の一つに佐糜があるが、佐味と音が通じ、その関連がうかがえる。

図6 ● 鴨神遺跡の道路遺構
路面にバラスを敷いていた。古墳時代には多くの人と物資が往来したことだろう。

室宮山古墳

さらに、南郷遺跡群の北東の御所市室には、葛城地域のなかで最大規模をもつ全長二三八メートルの前方後円墳、室宮山古墳がある（図7）。その威容が、この地に君臨した王の存在を端的に物語っている。この墳墓を葛城氏の祖たる葛城襲津彦の墓に比定する学者がいることは、うなずけるところである。また、鎌倉時代には武内宿禰《たけしうちのすくね》の墓所とされたこともある。葛城襲津彦については、モデルになるような複数の人物が存在した可能性があり、特定の固有名詞として使用するのは問題がある。また、武内宿禰は、葛城氏をはじめ巨勢氏・平群氏・蘇我氏・波多氏などの祖先として五代の天皇に仕え、三百歳前後の年齢まで生きたという伝説上の人物である。

室宮山古墳の後円部南側の埋葬施設である竪穴式石室と王者の棺《ひつぎ》である長持形石棺（図8上）は、史跡整備されていて現地で見学することができる。一九五〇年に埋葬施設をとり囲んだ家形埴輪や靫《ゆき》形埴輪をはじめとする巨大な形象埴輪群が確認された（図8下）。これらは、奈良県立橿原考古学研究所附属博物館の展示遺物のなかでも中心的なものの一つであり、埴輪に表現された世界は、王者の権勢がいかばかりのものであったかを如実に示している。

図7 ● 室宮山古墳（北西上空より）
左手が後円部、墳丘はよく残っているが、周濠は痕跡を残すだけである。外堤部を手前の国道が横切る。左端の外堤上にあるのがネコ塚古墳（方墳）。

図 8 ● **室宮山古墳南側埋葬主体の埴輪配列と長持形石棺**（上）**と形象埴輪群**（下）
竪穴式石室の天井石の上とその周囲には家形埴輪をはじめとした数多くの埴輪が樹立され、石室内部には兵庫県の竜山石でつくられた長持形石棺がおさめられていた。

後円部北側にある埋葬施設の調査はおこなわれていないが、近年、台風による倒木があり、根元から掘り起こされた土から朝鮮半島南部の伽耶《かや》（咸安《ハマン》地域）の船形陶質土器が突然出土し（図9）、葛城の王と朝鮮半島との結びつきはいっそう明白になった。陶質土器は朝鮮半島で焼かれた土器で、高温の窖窯《あながま》で還元炎焼成されるため、灰色で堅く焼きしまっている。それを国産化したのが須恵器《すえき》であり、古墳時代の中頃にはじめて生産が開始される。

室宮山古墳は、須恵器が生産されていない時代に築造されたものであって、中期前半（五世紀初頭）の年代が考えられる。一方、南郷遺跡群は、朝鮮半島との技術交流により、須恵器が焼かれはじめ、定着した頃の中期中頃〜後半（五世紀）に盛期をむかえる。このことから室宮山古墳は、南郷遺跡群が盛期を迎える直前に造営された墳墓であることがわかる。

葛城氏の本拠地

この室宮山古墳の背後にそびえる巨勢山では、室宮山古墳の築造を契機に、古墳の築造が開始され、奈良県でも最多の総数六〇〇基という多くの古墳が五世紀から六世紀の間に築かれた。巨勢山古墳群である。さらに、南郷遺跡群のすぐ北側の名柄遺跡からは、小学校の体育館建設にともなう発掘調査で、南郷遺跡群と同時期の古墳時代の石

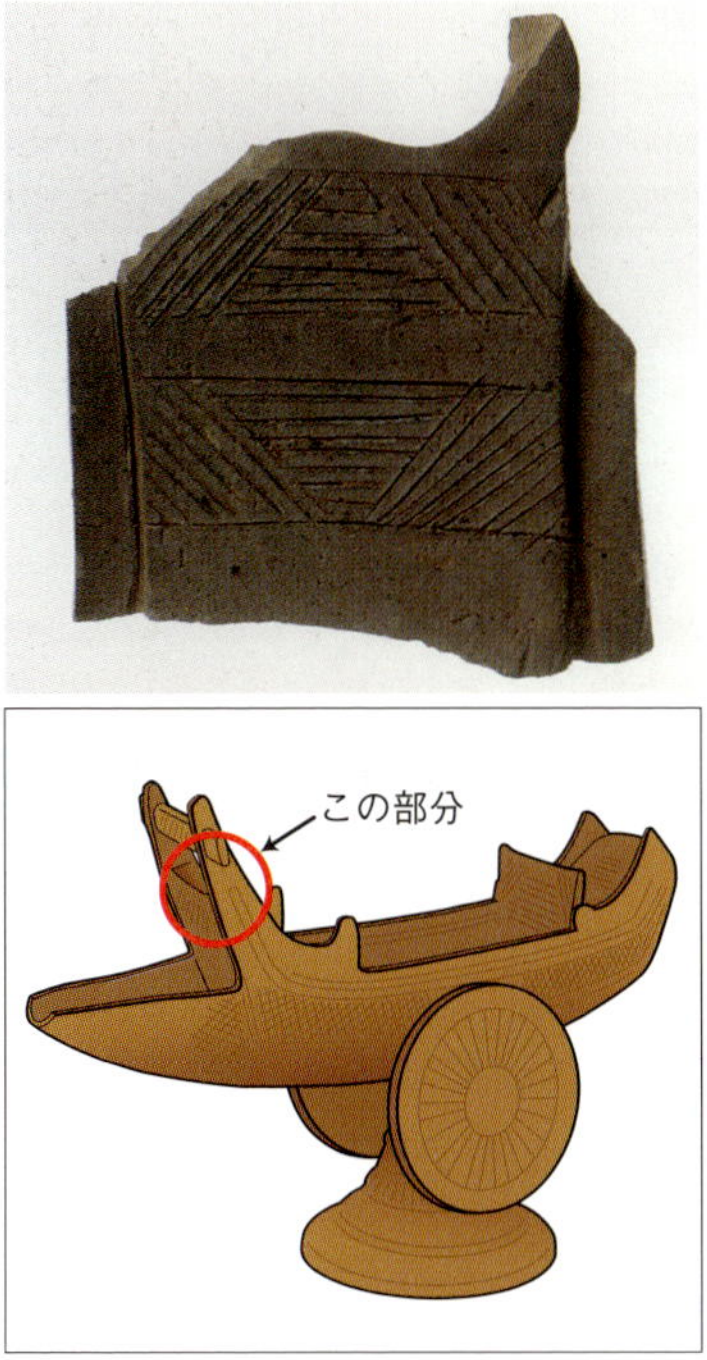

図9 ● 室宮山古墳出土陶質土器（上）とその復元図（下）
船の舳先部分の破片である。

垣をもつ宅地と大型の竪穴住居が検出された（図10）。そして、それは葛城氏の居館跡と推定されている。この遺跡は、以前から銅鐸《どうたく》や朝鮮半島で多数出土する多鈕細文鏡《たちゅうさいもんきょう》（複数のつまみをもち、こまかい鋸歯文様を施した鏡）の出土地として有名だった。

南郷遺跡群を中心にみると、名柄遺跡・室宮山古墳・巨勢山古墳群という同時代における遺跡が近接してあって、これらの遺跡の位置関係だけで、葛城氏が直接支配した土地の状態を端的に理解できる。

さらに、南郷遺跡群の北側の葛城山の東麓一帯には、新庄屋敷山《しんじょうやしきやま》古墳、火振山《ひふりやま》古墳などの中期の大型前方後円墳、寺口和田《てらぐちわだ》古墳群、石光山《せっこうざん》古墳群、寺口忍海《てらぐちおしみ》古墳群、寺口千塚《てらぐちせんづか》古墳群など中〜後期（五〜六世紀）の中・小規模古墳群が所狭しとばかりに密集する。また、脇田《わきた》遺跡や地光寺《じこうじ》跡など弥生時代から飛鳥・奈良時代にわ

図 10 ● 名柄遺跡の石垣と堀
名柄小学校の敷地内で発掘調査がおこなわれた。現在、整備され見学ができるようになっている。

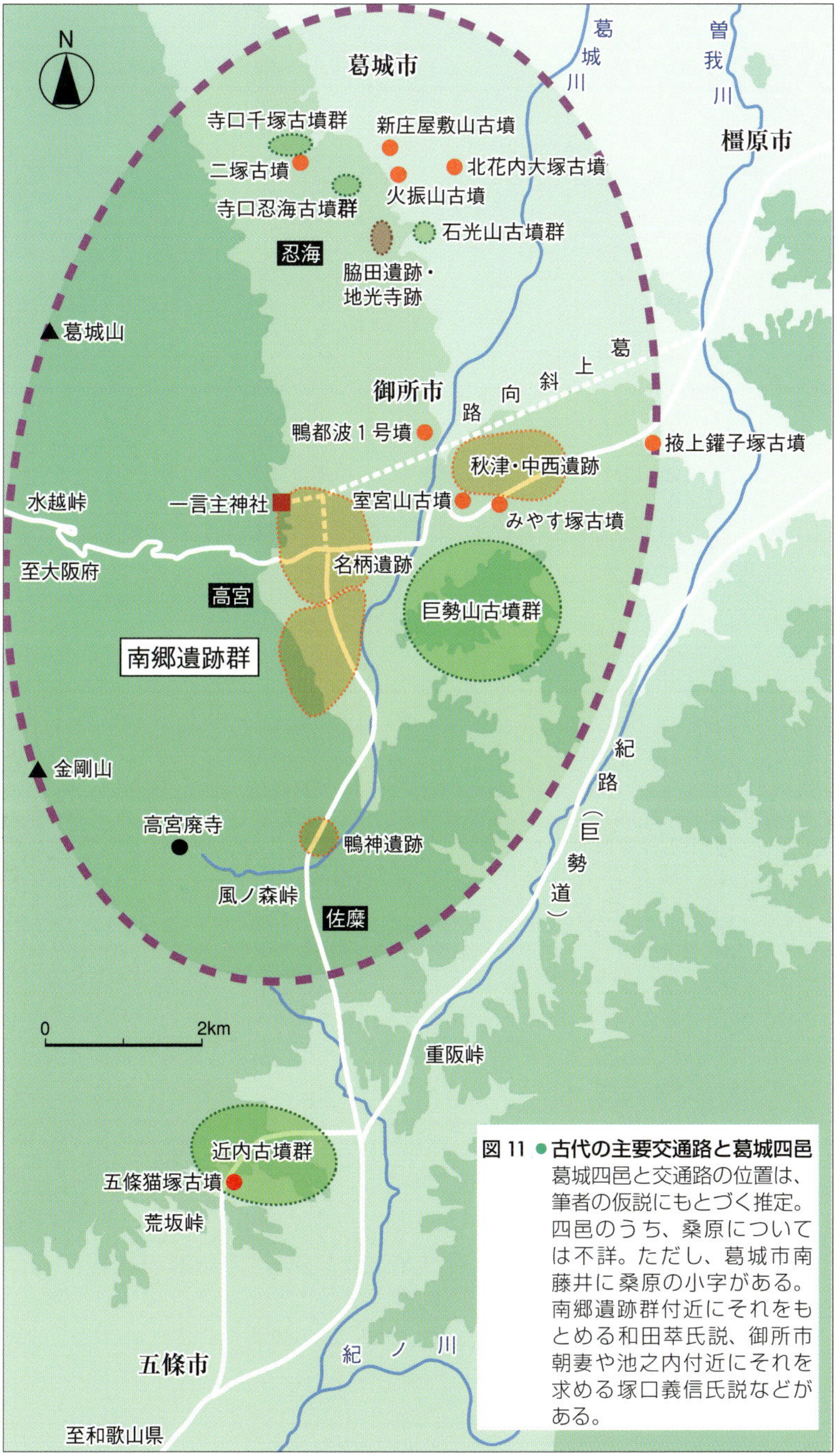

図 11 ● **古代の主要交通路と葛城四邑**
葛城四邑と交通路の位置は、筆者の仮説にもとづく推定。四邑のうち、桑原については不詳。ただし、葛城市南藤井に桑原の小字がある。南郷遺跡群付近にそれをもとめる和田萃氏説、御所市朝妻や池之内付近にそれを求める塚口義信氏説などがある。

たる遺跡がある。近鉄御所線に忍海駅の名があるとおり、付近には忍海の地名が残り、「葛城四邑」の一つである忍海との関連が考えられる。図11に葛城氏の支配拠点である南郷遺跡群と「葛城四邑」を中心に、遺跡の分布を示した。

金剛山の周辺は、このように早くから開発された土地ではあったが、現在のような棚田が広がるような景観となったのは、昭和三〇年代以降のことである。吉野川分水とよばれる奈良盆地全体をカバーする用水路が整備されるまでは水利が不便で、水田経営には厳しい土地条件であったといえる。江戸時代から戦前までは、畑や柿などの果樹園が広がり、渇水期に畑の水を供給していたのは、マンボウとよばれる横井戸であった。

2 巨大集落あらわる

思いがけない広大な遺跡

一九九二年、この付近の棚田の区画を広く整え、農道を整備するという県営圃場《ほじょう》整備事業がはじまり、その事前の発掘調査が奈良県立橿原考古学研究所によって開始された。その頃わたしは、研究所の若手技師としてすでに数多くの発掘調査現場を担当していたが、この遺跡が古墳時代の巨大集落遺跡となることは、まったく予想できなかった。

調査前は遺跡群内のほぼ中央で、葛上《かつじょう》中学校の建設に際し、飛鳥時代の瓦や土器が偶然に出土して佐田《さた》遺跡と命名されていたが、遺跡の範囲は狭いものであった。また、御所市教育委員会は付近で試掘調査を実施していた。遺構・遺物は確認されていたが、名柄付近にくらべると、急斜面ということもあって、居住には適していないと考えられた。

ところが、トレンチ（試掘坑）が入れられるたびに、古墳時代を中心とした時期の遺構や遺物が確認され、遺跡の範囲はどんどん広がっていったのである。奈良盆地では古墳時代の巨大集落遺跡といえば、桜井市の纒向《まきむく》遺跡や天理市の布留遺跡などが知られていたが、具体的な構造までは明らかではなかった。そうしたなかで、つぎつぎと古墳時代の巨大な施設や多量の遺物が姿をあらわしたのである。

それは、当然わたしにとってははじめての経験であったし、眼前の予想もしなかった遺跡やぞくぞくとあらわれる遺物に、ただただ驚くばかりで、立ちすくむこともしばしばであった。しかしながら、一九九二年の初年度の時点で、特殊工房、石垣をともなう大壁建物などが確認されたので、この遺跡の重要性だけはすぐに実感された。ただし、それがあまりに広範囲にわたっていたため、遺跡全体の広さについては、まったく見当がつかなかった。

時間に追われた調査

発掘調査は事業者との調整のなかで、圃場整備の工事と並行しておこなった。広大でかつ無尽蔵ともいえる遺跡を、その工期が迫るなか、つぎからつぎへと処理しなければならないという、いわば自転車操業のような状態がつづいた。現地の発掘調査が、こうした環境のなかでおこなわれるのは、ごく普通のことではあるのだが、それにしてもわたしの経験した調査のなかでも、指折りの厳しさがあった。古代の一大豪族、葛城氏の営々たる巨大遺跡を、ごく短時間のうちに調査し終えようというのだから、それは当然のことであったろう。複数の発掘現場を、一日中駆け回るような状態がつづき、じっくりと腰を落ち着けた調査ができなかった点が、担当者として心残りである。

年度ごとに発行している『調査概報』では、各調査の内容や遺跡の広がり、名称などを統一するにはいたらず、ようやくその全体的な見通しが立ってきたのは、事業の開始から三年後、発掘報告書『南郷遺跡群Ⅰ』を刊行する段階になってからである。ここで、初年度の調査地の地名（大字）から、遺跡全体を南郷遺跡群と呼称するようにしたのである。また、その遺跡群内のそれぞれの地区名を、地名（大字・小字）を冠して○○遺跡と呼称するように統一した。

図 12 ● 南郷大東遺跡の調査風景
1994 年に調査された南郷大東遺跡から導水施設が発掘され、水のまつりにかかわる遺物が数多くみつかった。

最大規模の集落遺跡

かくして一九九二年度の調査から二〇〇四年度の極楽寺ヒビキ遺跡の大型建物、石垣、堀などの遺構を確認するまで、足掛け一四年にわたり発掘調査がおこなわれた。ここまでの調査で、遺跡群の範囲は、東西一・四キロ、南北一・七キロ、面積は二・四平方キロにおよぶことが明らかになっている。この時期における日本列島最大規模の集落遺跡である。

事業が実施されるに際し、遺構がやむをえず破壊される予定の部分を中心に、延べ約五万九〇〇〇平方メートルの発掘調査がおこなわれた。ただし、それは遺跡全体からすれば、約二パーセントにすぎない。発掘調査報告書も計五冊が刊行されているが、今なお未報告分が残っており、遺物の整理作業を継続して実施している。その意味では、調査開始から二〇年近くを経た今日においても、調査は継続中なのである。ようやく最近、腰を落ち着けて遺跡のことを考え直すことも多くなったが、あらためてこの遺跡のもつ重要性、とりわけ歴史的意義について再認識しているところである。

3　「王都」の実態

都市のような構成

南郷遺跡群では古墳時代の中頃、五世紀代を中心とした時期のさまざまな特徴をもつ施設や建物が検出された。それぞれ完全に単一の性格をもつものではないが、特徴的な部分をぬきだして、列挙すると、以下のようになる（図2・3参照）。

王の「高殿《たかどの》」「祭殿《さいでん》」と導水施設：極楽寺ヒビキ遺跡・南郷安田《やしだ》遺跡・南郷大東《おおひがし》遺跡

首長の居住地：多田桧木本《おいだひのきもと》遺跡

武器生産をおこなった特殊工房：南郷角田《かどた》遺跡

大型倉庫群：井戸大田台《いどおただ》遺跡

手工業生産を指導した親方（中間）層の居住地：南郷柳原《やなぎはら》遺跡・井戸井柄《いどいがら》遺跡

手工業生産をおこなった一般住民の居住地：下茶屋《しもちゃや》カマ田《た》遺跡・南郷千部《せんぶ》遺跡・南郷生家《しょうけ》遺跡・南郷田鶴《だづ》遺跡・佐田柚ノ木《さだゆき》遺跡・佐田クノ木遺跡・林遺跡・井戸池田《いどいけだ》遺跡

土器棺墓からなる一般住民の墓地：南郷九山《くやま》遺跡・南郷岩下《いわした》遺跡・南郷生坪《しょうのつぼ》遺跡

丘陵の山腹から山麓にかけての広大な空間のなかに、古墳時代の政治・経済・社会に関連するさまざまな要素が集約されている。前述したように交通上の要地にあって、遺跡群内で道路は検出されていないものの、施設や建物は互いに連絡していたのだろう。それぞれ、盆地を見渡すことができるような開放的な空間のなかに、自然流路に挟まれた高所を中心にして分散的に配置されている。

王のもと、さまざまな施設が計画的に配置され、手工業の生産品は外部供給される一方、自給自足できるほどの農業生産が期待できない状況は、「農村」ではなく「都市」といっていいかもしれない。ただ、施設が山腹に散在している状況や、人口の集中の度合いなどは都市というには不十分である。

ほかの時代の遺跡と比較をするなら、田原本町《たわらもと》の唐古《からこ》・鍵《かぎ》遺跡に代表される弥生時代の環濠集落では、村全体が濠でとり囲まれているわけだが、南郷遺跡群に環濠は認められない。また、古代の都である藤原京や平城京では、道路を碁盤の目のように整備し、宅地をつくっているわけだが、そこまでの計画性はみられない。

古墳時代の集落遺跡との比較では、纏向遺跡・布留遺跡・和爾遺跡など奈良盆地の巨大集落は、南郷遺跡群と同じように、広大な面積の集落の範囲に、王の政治・経済をささえたさまざまな施設をおいている。開放的で広大な空間のなかにさまざまな施設をおくことが、ヤマト王権やそれをささえた王の支配拠点の特徴の一つであるといえよう。

渡来人の技術指導

一方、南郷遺跡群がこれらの巨大集落とくらべて異なっている点は、渡来人との深いかかわりである。南郷遺跡群は渡来人によりささえられた集落であったといっても過言ではない。詳細は第3・4章で述べるが、南郷遺跡群の各所では、渡来人にかかわる遺構・遺物が検出されており、朝鮮半島の百済と伽耶地方出身の人びとが、在来の倭人とともに盛んな手工業生産を展開していたことがわかっている。

さらに、渡来人のなかには、生産工人を統括してその親方のような役割を果たし、死に際しては小規模な古墳を築く者も存在したと考えられる。葛城の王により、当時の最新技術を保持するがゆえに優遇され、迎え入れられたのである。第1章にあげた『日本書紀』の記述のような新羅から得た捕虜の姿ではないことは明白だ。

4　葛城氏隆盛の前夜

王都の前夜

古墳時代前期～中期初頭の南郷遺跡群は、遺構・遺物ともに散漫である。古墳時代前期の土器が、遺跡群内各所で少量出土しているにすぎない。中期中頃の五世紀前半代に突如、さまざまな施設が計画的に建設され、「葛城の王都」がこの地に現出したのである。

ただし、この「葛城の王都」たる南郷遺跡群が成立するうえで前提になった重要な遺跡が、葛城氏の支配領域内にある。それが鴨都波《かもつば》遺跡（図13）と秋津《あきつ》遺跡（図14）である。

鴨都波遺跡は、弥生時代の拠点集落として著名な存在だが、断絶することなく古墳時代にもつづく。鴨都波遺跡の農業生産基盤は、古墳時代になってもそのまま引き継がれたのだろう。そして、鴨都波一号墳という古墳が遺跡内に築造される。東西一六メートル、南北二〇メートルの方墳である。規模は小さいが、副葬品として三角縁神獣鏡《さんかくえんしんじゅうきょう》四面・鉄製農工具・武器類などがあり、古墳時代前期（四世紀中頃）の地域内における有力な首長の墳墓と考えられる。

さらに、秋津遺跡は現在も調査中だが、古墳時代前期後半の遺構・遺物がつぎつぎと検出されている。特殊な構造をもった大規模な区画施設や掘立柱建物、大型の竪穴住居が検出され、土器のほか腕輪形の石製品（石釧《いしくしろ》）や鏡片などの遺物も出土している。今後の調査に負うとこ

図13 ● 鴨都波遺跡15次調査平面図（上）と鴨都波1号墳出土銅鏡（下）
病院建設にともない発掘調査がおこなわれた。三角縁神獣鏡は4面出土した。

ろが少なくないが、首長がまつりをおこなった場所ではないかと考えられている。

　秋津遺跡のすぐ南に直径五〇メートルの円墳、みやす塚古墳がある。側面に板を貼り付けた鰭付《ひれつき》円筒埴輪が存在することから、前期後半（四世紀後半）の築造年代が考えられる。そうすると、秋津遺跡はみやす塚古墳に葬られた首長の支配拠点なのかもしれない。あるいは、遺跡の年代によっては、鴨都波一号墳に関連する可能性もある。今はどちらとも決しがたいが、いずれの場合であれ、古墳時代前期のうちに、のちに葛城氏の支配領域になる場所に根をおろした首長がいて、地域内で盛んな活動をおこなっていたという事実こそ重要である。

王都への道程

　みやす塚古墳から西に二五〇メートルの

図 14 ● 秋津遺跡（南西方向を望む）
道路工事にともなう発掘調査が 2011 年現在進行中である。
大規模な区画施設のなかに、掘立柱建物の柱痕跡がみえる。

位置にあるのが、室宮山古墳である。前述のように葛城の王の墓であり、南郷遺跡群成立の直前の古墳時代中期前半に築造されたものだ。

そして、室宮山古墳の北側には、古墳の築造よりややさかのぼる時期から、ほぼ同時期まで営まれたと考えられる集落遺跡の中西遺跡がある。遺跡は秋津遺跡の範囲までのびており、一部分は重なっている。中西遺跡では、王にかかわる遺構・遺物は今のところとぼしい。

古墳時代中期の室宮山古墳や南郷遺跡群にかかわる王と、古墳時代前期の首長との関係はわからない。親子関係など、血縁関係を想定するのはむずかしいだろう。第１章に述べたように、それはあくまで地縁的な関係であり、地域に根をおろした人びとから、それぞれの地域の首長が生まれたのである。

このうち、古墳時代中期以降の遺跡の動向は、記紀など歴史書の葛城氏の動静と整合し、葛城氏隆盛期の古墳と集落といえる。ただし、室宮山古墳の北方には古墳時代前期〜中期初頭の遺跡が広大な範囲に広がっている可能性がある。そして、室宮山古墳の被葬者にかかわる居館が、いずれかの場所に眠っている。秋津遺跡や中西遺跡では調査された部分が少ないので、調査地周辺に連続的に広がっているとも考えられる。その場合、秋津遺跡→室宮山古墳の被葬者の居館→南郷遺跡群という葛城の王都の成立過程をたどることも可能だ。

これが葛城氏がその王都を建設するにいたる過程であり、地域に根をおろした人びとが地域の支配者を醸成し、それをもり立てて、大きな権力を得るまでの長い道程であった。

第3章　王のまつり

1　王の「高殿」

極楽寺ヒビキ遺跡

極楽寺ヒビキ遺跡（図15）は、南郷遺跡群の南東端近くの高台に位置する。地形図をみると、広い平坦地の三方が絶壁になっていて、ここに立てば遺跡群全体はもちろん、奈良盆地の南部一帯を見渡すことができる。調査の前からここに特殊な遺構が存在することが予見された。

発掘調査は、二〇〇四年一〇月から二〇〇五年三月までおこなわれた。高台の平坦地の面積は六〇〇〇平方メートル以上あり、そのなかの四七〇〇平方メートルが調査された。両岸に石垣を積んだ堀（図16）と塀（柵）で区画された約二〇〇〇平方メートルの敷地の西側に大型の掘立柱建物、東側に広大な広場があり、その片隅に小規模な掘立柱建物が検出された。この敷地へは、南側で堀をまたぐ幅八メートルの土橋《どばし》から入るようになっている。

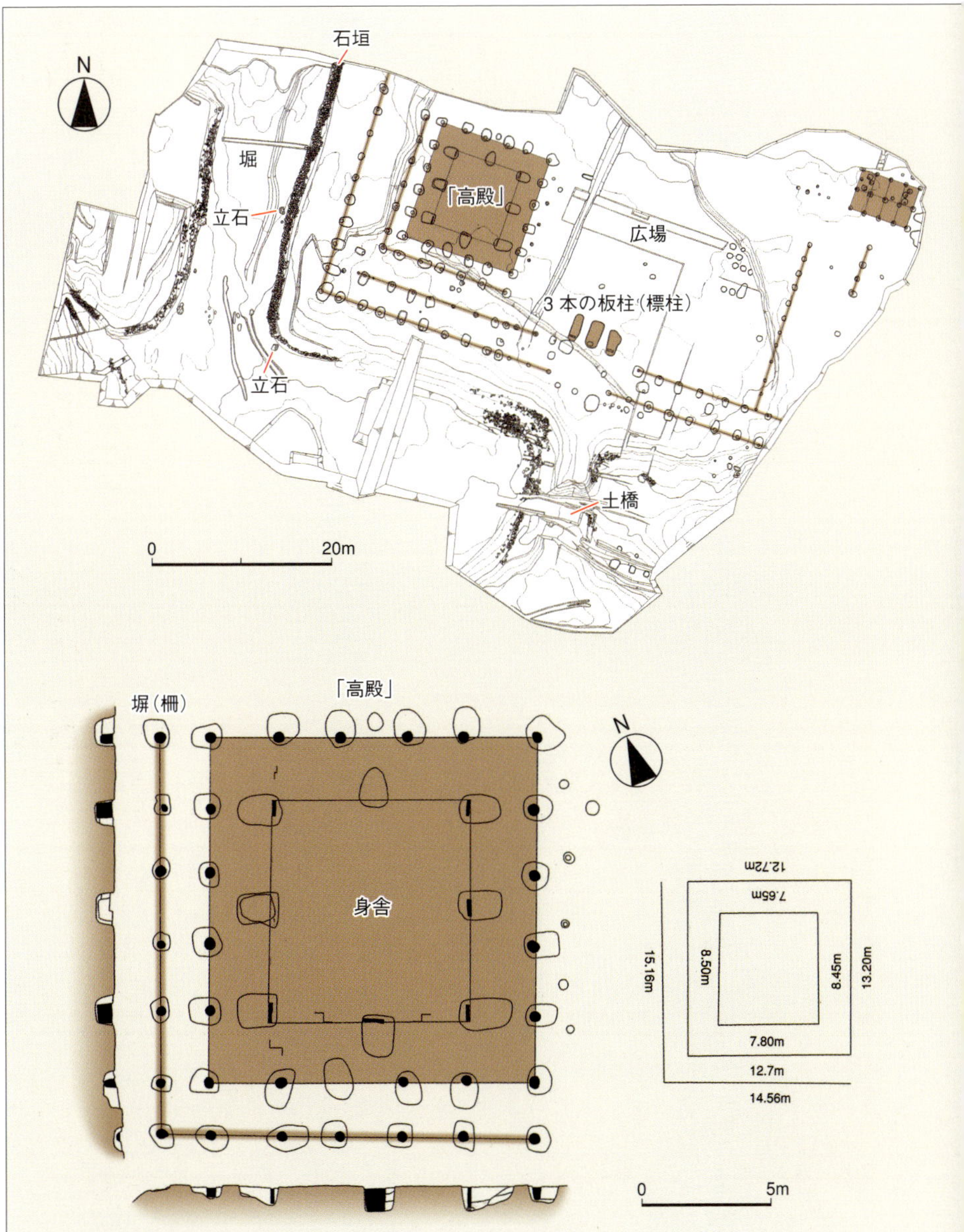

図 15 ● 極楽寺ヒビキ遺跡平面図（上）**と「高殿」**（下）
土橋を渡って左手に「高殿」の柱痕跡が残る。下図は、「高殿」の柱痕跡（黒塗り部分）。
柱痕跡の周囲は、掘方（柱を立てるために掘った穴）のライン。

敷地は、掘立柱の塀（柵）で何重にも区画されてはいるが、アプローチの部分だけ塀（柵）がとぎれ、そこに三本の板柱が立て並べてある。これらは、入り口を示す標柱のようなものであったと考えられる。辰《たつ》巳《み》和《かず》弘《ひろ》氏はこの考えをさらにおし進め、「王板《おうばん》」がそこにあったと推測する。

「王板」は、これまで研究者の間で個別に「石《いわ》見《み》型」「儀仗《ぎじょう》」などよばれていたものを、王の権威を示すモチーフを総称するために、わたしが新しく作った言葉である。このモチーフは、古墳の周囲に樹立される木製品や埴輪、さらに杖や刀剣の把頭《つかがしら》、家の棟飾り、船などに使用されていて、王が使う品を飾っている。極楽寺ヒビキ遺跡では、そのアプローチの部分に、そこが王の空間であることを表示するための標柱として、それが樹立されていた可能性が考えられるの

図 16 ● 西辺の石垣
堀の両側には、石垣を積んでいた。高さ 50 ㎝ ほどしか残っていないが、本来はこの数倍の高さがあったと考えられる。

である。

さらに堀のなか、西南のコーナー部分と西辺の中央には、立石がある（図17）。神の依代《よりしろ》である「磐座《いわくら》」のような性格をもっている可能性があり、この敷地が神聖な空間であったことをうかがわせる。

遺物の出土量がきわめて少ないことも、この施設の特徴である。南郷遺跡群の各所では、生活に使用した土器が大量に出土するのに、この遺跡では生活の痕跡がほとんどない。堀の土橋の西北隅でわずかな土器が塊《かたまり》になって出土しているにとどまる。つまり、日常生活を営んだ形跡がないばかりでなく、ほかのゴミなどもきれいに掃除されているのだ。この場所が神聖な空間であったことをさらに裏づけるものといえる。

高殿

敷地西側にあるのが王の「高殿（楼閣のように高くつくった建物）」である。面積は二二〇平方メートル（六七坪）、五間×五間の巨大な掘立柱建物で

図17 ● 西辺中央の立石

ある。身舎《もや》の柱材は、腐ってなくなってしまっていたが、柱の掘方《ほりかた》を埋めた黄褐色の土のなかに、柱材の痕跡が明瞭に残っていた。その痕跡は、きわめて明瞭かつ特異であった。腐った柱材が、すべて赤い土に置き換わっていたのである。柱掘方は、長辺一・五〜二・一メートル、短辺〇・八七〜一・四メートル、深さ一メートルという巨大なもので、そのなかに、幅五八〜八四センチ、厚さ一〇〜一六センチという平たい板柱が立てられていたと考えられる（図18）。柱が赤い土に置き換わった要因は火災に関連するものだといわれているが、よくわからない。地中に埋もれた部分は酸素に触れることが少なく、赤化することはないと考えられるからである。ただし、焼け土もあって、建物が火災にあったことは確実である。

特徴的なのは、身舎の柱がアプローチの柱と同じように平たい板柱であることだ。古墳時代の掘立柱建物の場合、木の皮をむいてその表面を手斧《ちょうな》で削っただけの丸い柱を用いるのが普通であり、このような板柱を用いたものは珍しい。奈良県では西大寺東遺跡《さいだいじひがし》、藤原宮《ふじわらきゅう》下層遺

図18 ● 板柱
柱の掘方の4分の1を掘削したところ。
奥に赤化した板柱の断面が見える。

跡など、また島根県の出雲国府下層遺跡《いずもこくふ》などの事例があるが、これらも極楽寺ヒビキ遺跡の例と同じく、豪族の屋敷に使用されたと推測されている。

そしておそらく、板柱の表面は念入りに加工され、直弧文《ちょっこもん》とよばれる日本の古墳時代特有の文様が装飾されていたに違いない。ここには、室宮山古墳墳頂部の竪穴式石室の真上から出土した、直弧文を柱に施した家形埴輪（図19上）と同様な建物が、そっくりそのまま存在したと推測できる。極楽寺ヒビキ遺跡の建物と室宮山古墳の家形埴輪は、板柱の向きと並べ方の比率がまったく同じであり、建築学者の黒田龍二《くろだりゅうじ》氏は、その様子を図19下のように再現した。つまり、この埴輪は、現実にあった極楽寺ヒビキ遺跡の王の建物を、そのまま埴輪に表現して、王の葬られた古墳に樹立したと推測できるのである。

ただし、これには少し問題がある。前述のように室宮山古墳は須恵器生産が開始される以前に築かれ、極楽寺ヒビキ遺跡は須恵器生産の開始後につくられた建物である。時期差はわずかではあるが、極楽寺ヒビキ遺跡でまつりをおこなった王が、室宮山古墳に葬られたとはいえない。建物のモデルが先にあって、極楽寺ヒビキ遺跡の建物をつくったということになる。極楽寺ヒビキ遺跡の王がどの古墳に埋葬されたかについては、第5章で触れることにしよう。

ところで、極楽寺ヒビキ遺跡の王は、この建物を使って何をおこなったのだろうか。直弧文で飾られた板柱の間隔は広く高床で、風が吹き抜ける構造である。建物の横は大きな広場で、井戸など飲料水に関連する施設が存在しない。また、前述したように生活に関連する土器もない。要するに、ここで居住し、寝食をおこなったとは考えられないのである。建物は、王の

図 19 ● **室宮山古墳出土家形埴輪**（上）**と極楽寺ヒビキ遺跡の「高殿」の復元**（下）
室宮山古墳の家形埴輪は、竪穴式石室の上面から出土した。発掘調査後約 50 年を経て、1995 年におこなわれた奈良県立橿原考古学研究所附属博物館の展覧会の際に復元された。この家形埴輪と出土遺構をもとに、黒田龍二氏が極楽寺ヒビキ遺跡の建物を復元した。

「高殿」としての意義をもつものであり、王は、この高台にのぼり、南郷遺跡群や奈良盆地を見渡し、「国見」をおこなったと推測されるのである。南郷遺跡群という自身の支配拠点にある諸施設と、その傘下にある人びとを文字どおり見下ろし、ここで王がまつりを司っていることを内外に知らしめるための巨大構築物であったと想像される（図20）。

この極楽寺ヒビキ遺跡の王が日本列島のなかで、どのような位置にあったかは明らかでない。しかし、少なくともその視野は日本列島を越え、はるか朝鮮半島にまでおよんでいたし、この

図20 ● 極楽寺ヒビキ遺跡の遺構と「高殿」の合成
検出された遺構の上に、復元された大型建物を合成したもの。

南郷遺跡群を中心とした奈良盆地西南部の一角を支配拠点にすることによって、ヤマト王権のなかで相当の権力を有した人物であったことは確かである。

それでは、つぎに、この王が実際にまつりをおこなった場所についてみてみよう。

2 王の「祭殿」と水のまつり

極楽寺ヒビキ遺跡の約三〇〇メートル北東に南郷大東遺跡、さらにそこから約二五〇メートル北東に南郷安田遺跡《なんごうやしだ》がある。三つの遺跡は遺跡群の南端近くに位置し、周囲には生活関連の遺構はみられない。これらは、遺跡群の境界部分におかれた王のまつりの場所であると考えられる。極楽寺ヒビキ遺跡（高殿）→南郷大東遺跡（水のまつり）→南郷安田遺跡（祭殿）とめぐるか、その逆をめぐって王のまつりを執行したと推定される。南郷遺跡群内をしずしずと移動しながら、おごそかに王がまつりをおこなう様子がここに再現できる。

王のまつりの場、南郷安田遺跡

南郷安田遺跡は東西に長い尾根を分断するように、南北約一〇〇メートル、東西約五〇メートルの南北に長い空間を占有する。さらにその空間は、南側から竪穴住居群、大型掘立柱建物、塀（柵）で囲まれた空間の三つに分かれる（図21）。それら全体を囲む施設は検出できなかったが、山側には全長八〇メートル以上におよぶ塀（柵）が検出された。

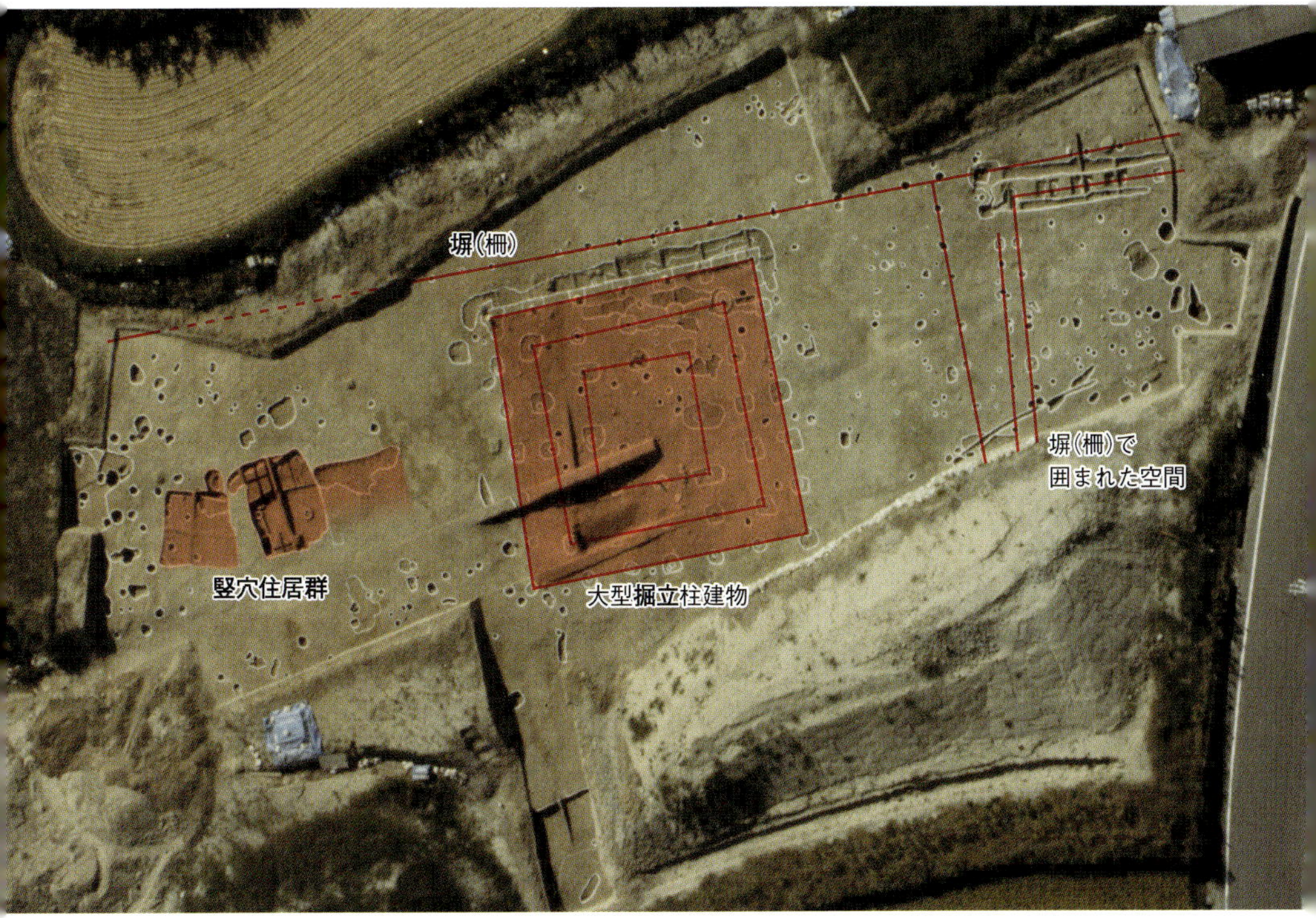

図 21 ● **南郷安田遺跡**（上）**と大型掘立柱建物の復元図**（下）
上は遺構を上空から撮影したもの、下は遺構をもとにした大型掘立柱建物の復元図。

竪穴住居群の空間では、住居が五棟検出されたが、同時期にあるのは二棟ほどで、三〜四回建て直されているようだ。まつりの場を管理した人びとが住んだ住居だろう。

中心部の大型掘立柱建物は三重の柱列からなり、いちばん外側の柱列は一辺一七メートルにおよぶ（図22・23）。建物の面積は二八九平方メートル（八八坪）で、極楽寺ヒビキ遺跡で確認された大型建物の規模をしのぐ、古墳時代中期における日本列島最大の建物である。この建物の前面には、極楽寺ヒビキ遺跡のような開放的な広場はない。どちらかというと、後述する南郷大東遺跡と同様に閉鎖的である。前述のように、極楽寺ヒビキ遺跡の建物が家形埴輪で表現されているのに対し、埴輪では表現されていないと考えられ、上屋の構造が特定できない。また、この建物は建て直しがない。ゴミもなく清浄に保たれている。このような大型建物は、ワニ氏の拠点であった同時期の和爾遺跡にもあるので、王の支配拠点に普通にみられた施設なのであろう。つまり、実際に人びとを集め、葛城氏の行く末を決めるまつりごと（政治）を実践した場所であると考えられる。

塀（柵）は、L字形に曲がっており、東西二〇メートルほど、南北一〇メートル以上の空間

図22 ● **大型掘立柱建物の柱**
柱の掘方の半分を掘削したところ。

図 23 ● **大型掘立柱建物の柱材**
計 48 基の柱穴のうち柱材が残っていたのは 30 本。直径は最大 50 ㎝、材質はヒノキ。

を区切るものである。内部には性格不詳の遺構が点在する。大勢の人が集まる広場のようなものではなく、王とそのまわりの人びとが少人数でおこなった屋外のまつりの場であろう。

南郷安田遺跡は、以上の大型建物、塀（柵）で囲まれた空間、住居の三つを組み合わせることにより、王がまつりごとを実践した、いわば複合施設であると考えられる。

水の秘儀がおこなわれた南郷大東遺跡

南郷大東遺跡は、南郷安田遺跡の南側の尾根のゆるやかな斜面上にある。極楽寺ヒビキ遺跡の北方を東へ流れる本流から、北へ分岐した小川の屈曲部を土でせき止め、その下流に導水施設を構築する（図24）。全長およそ二五メートルにおよぶ大型施設で、一度つくり替えられている。遺構がよく残っている新しい段階のものは、施設の全容をほぼ把握できる。この段階のものを紹介しよう。

導水施設は以下の五つの部分からなる。

①貯水池、②木樋《もくひ》1、③木樋2、④木樋3・覆屋《おおいや》・垣根、⑤木樋4である。

その仕組みは、全長一二メートル、高さ○・九メートルの、石貼りの貯水池（①）で溜められた水の上澄みを、②～⑤の木樋を通して、下流へ流すというものである。

四つの木樋のうち、④の木樋3（図25上）がもっとも大きい。ヒノキの大木をくり抜いて槽《そう》と樋《ひ》をつくりだした大型品である。長さは約四メートルになる。なお、この木樋は全体的に薄くなるように削りこんで軽量化がはかられているが、それでもずしりと重い。

図 24 ● 南郷大東遺跡の導水施設全景
全長約 25 m の大型施設。河川の屈曲部を整地造成して構築されていた。木樋 3 の周辺が儀礼の場である。右上の高台に極楽寺ヒビキ遺跡、背後に金剛山が見える。

花粉分析などの結果、遺跡群周辺ではヒノキが簡単に入手できなかった可能性があり、木樋や大型建築部材の原木をどこから入手したのか、その解明が急がれる。現在の金剛山や巨勢山には、ヒノキがたくさんあるが、それらは戦後に植林されたもので、古墳時代の景観はまったく異なったものだったと考えられる。ちなみに、南方では紀ノ川上流域の、現在は吉野スギの名産地で知られる吉野も、古墳時代の自然環境からするとヒノキの大木を入手できた可能性は低い。紀ノ川であれば下流域か、北方の淀川・木津川流域など、かなり遠方から運んだものであろう。

木樋3の下には、丸太材や枝材を投入して、沈下防止策を施している。また、この木樋の周囲には覆屋、垣根と二重に遮蔽する施設が設置されていた。覆屋は二間×二間の東西棟（一辺約四メートル）で、棟木を支える棟持柱《むなもちばしら》は少しだけ外側に突出する近接棟持柱であった。側《がわ》柱《ばしら》の先端は杭のように尖っており、ここでも沈下防止の対策をおこなっている。屋根には木の枝を葺く。壁は、柱に溝を彫って横板を落とし込むという特殊な構造であり、きわめて閉鎖的なものである。内部は土間《どま》であり、木樋を南側に寄った位置に据え、その両側に板を敷く。木樋を除けば、約六平方メートルしか空間が残らないので、覆屋内には少人数しか立ち入ることができなかったと考えられる。なお、入口は特定できなかったが、内部空間の状況からみて北側だろう。

さらに、覆屋の周囲を垣根がとり囲む。平面形は一辺約五メートルの正方形で、北側へ張りだす。入口はその張り出し部分にある。こまかい杭を打ち込んで、両側を、斜めに編んだ枝材で挟み込み垣根をつくる。

出土遺物としては、水や供物などを入れる容器としての土器（土師器・須恵器の壺が多い）、まつりに用いた木製品（武器、農工具、紡織具、容器、机、椅子、照明具など多種多様）（図26）、供物としてのヒョウタン、モモ、ウマ、クエ、製塩土器（塩）などがある。また、韓式系土器も多量

図25●木樋3（上）と出土状態（下）
ヒノキの大木を丁寧に削ってつくられた大型木樋とその出土状況。全長約4mの大型木樋は一木で水を溜める部分（槽）と流す部分（樋）とをつくり出していた。

琴

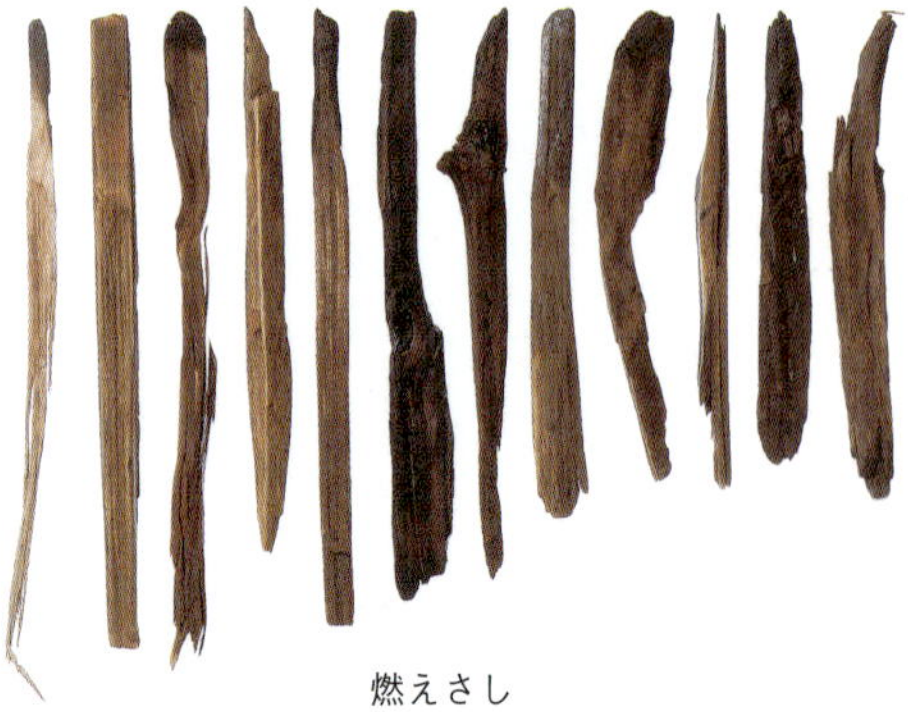

燃えさし

翳(さしば)形木製品

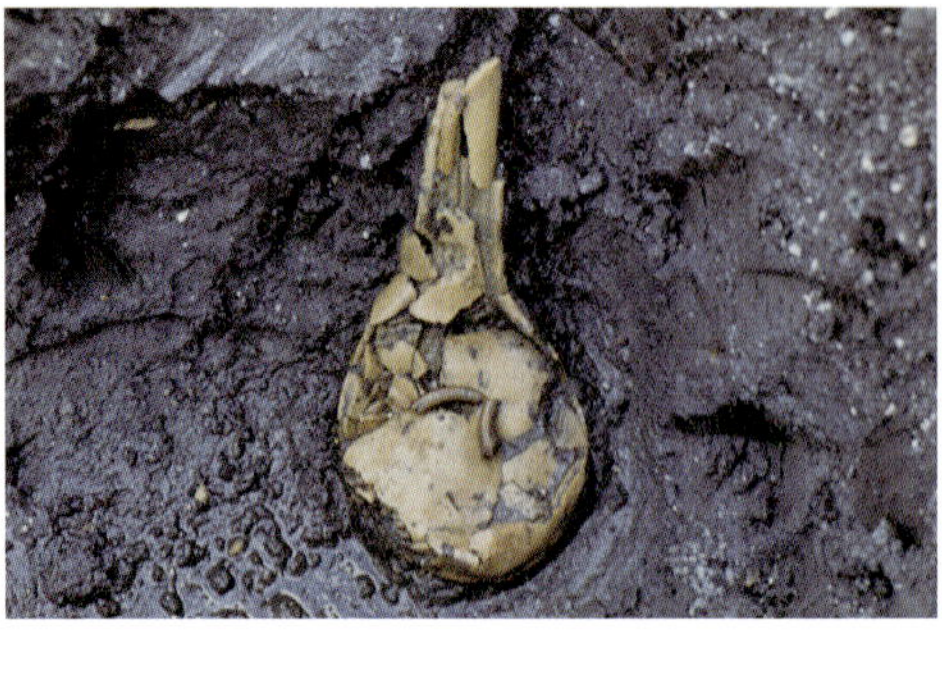

◀ヒョウタンの出土状況

◀刀・剣形木製品と鞘

漆塗りの刀装具

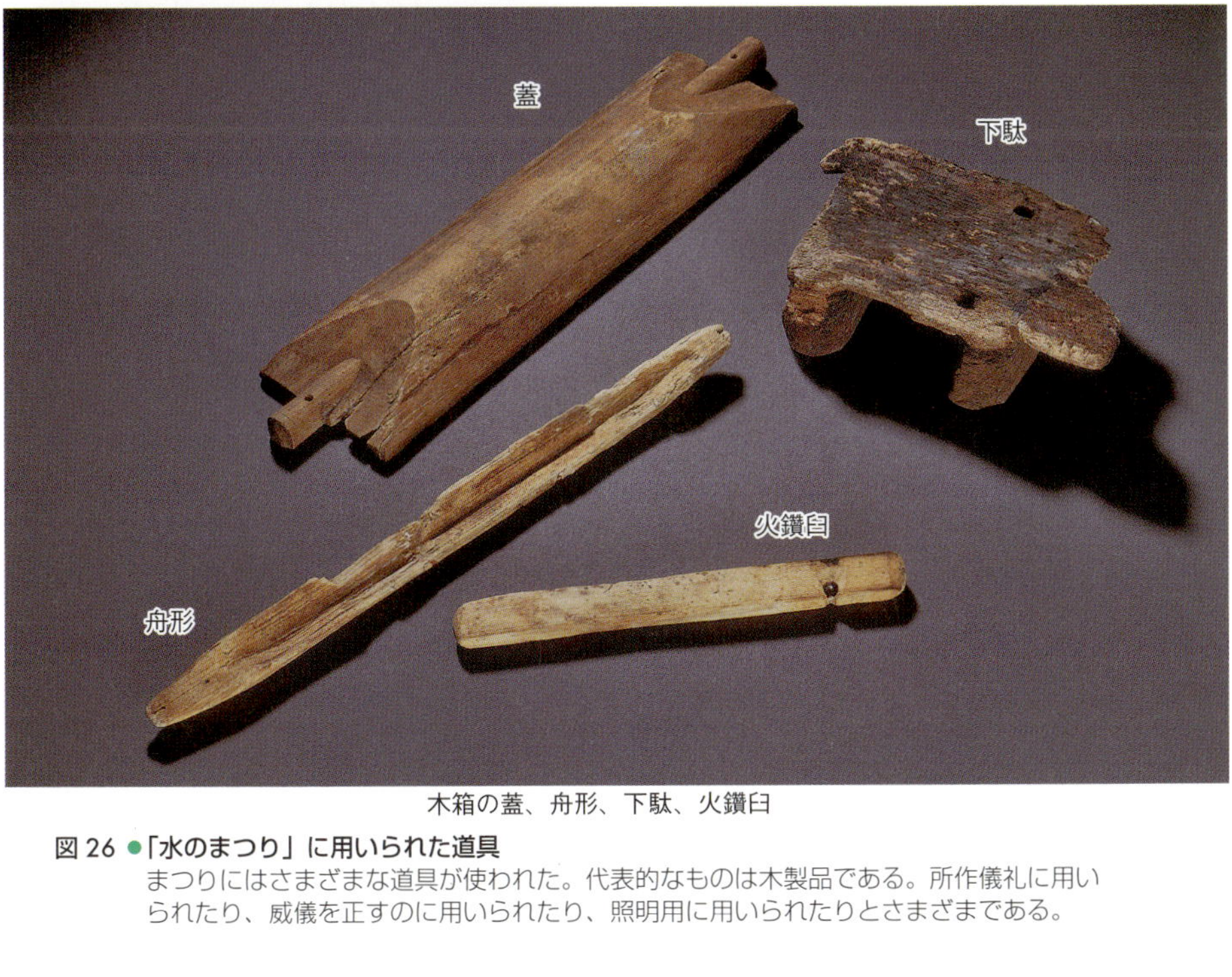

木箱の蓋、舟形、下駄、火鑽臼

図 26 ●「水のまつり」に用いられた道具
まつりにはさまざまな道具が使われた。代表的なものは木製品である。所作儀礼に用いられたり、威儀を正すのに用いられたり、照明用に用いられたりとさまざまである。

に出土している。韓式系土器とは、在来の土師器の製作技術ではない格子タタキ、平行タタキなどを用いた軟質の土器のことで、渡来人の出身地を探すにはうってつけの遺物である。百済地方南部（栄山江《ヨンサンガン》流域）や伽耶地方の土器、在来の土師器と折衷したような土器など、さまざまなものがある。

　ところで、この導水施設では、なにがおこなわれていたのだろうか。

　夜の帳《とばり》のなか、覆屋には王とともに少数の人びとが入り、木を燃やした幽《かす》かな明かりのもと、木樋を流れる水を汲み、秘儀をおこなったと考えられる。まつりの具体的な順序はわからない。しかし、遺物量の多さから、まつりは複数の場面があったと考えられる。**図27**は、まつりの様子をわかりやすくするために描いたイラストだが、実際はこのなかでいくつかの品だけを選んで、何回にも分けて

図27 ●「水のまつり」の想像イラスト
検出した遺構と出土した遺物を基に想像した復元図。本来、内部は外から見えない閉ざされた空間であったが、その状況がわかるように透視図として表現した。（画　佐々木玉季）

王にかかわる水のまつりをおこなったのだろう。そして、まつりが終わると、使った物は焼いたり刃物で傷つけたりして、貯水池などに廃棄したと考えられる。

わたしは、この水のまつりを地域の掌握のために、王がおこなった重要な政治的儀礼であると位置づけている。なお、導水施設の役割については、トイレ説・産小屋《うぶごや》説・殯屋《もがりや》説・鉄穴《かんな》流し説などの異説もあることを付け加えておく。

埴輪に写された水のまつり

導水施設による水のまつりは、埴輪に表現されている。はじめて導水施設と対比ができるようになったのは、大阪府の狼塚《おおかみづか》古墳出土の埴輪である。南郷大東遺跡の導水施設とその形状がもっとも近い埴輪は、大阪府の心合寺山《しおんじやま》古墳出土例であろう（図28）。ただし、垣根については、岡山県の月《つき》の輪《わ》古墳出土の埴輪も類似する資料の一つといえる。

いずれにせよ、いままでいろいろな説があったが、王のおこなったまつりを再現するために埴輪を立てたことが明らかになったのである。

図28 ● **導水施設を表現した埴輪**
心合寺山古墳出土。南郷大東遺跡の導水施設に現状でもっとも似ていると思われる埴輪である。ただし、細部の表現には相違点もみられる。

3　首長の住まい

南郷遺跡群の最北端に、多田桧木本遺跡《おいだひのきもと》がある（図29）。ここで古墳時代中期後半の首長の居住地らしい遺構を確認した。丘陵先端部近くを高台状にし、居住地を造成している。東側には幅七・五メートルの堀が掘削され、居住地側には石垣が設けられている。さらに、南北の両側に大きな流路があり、そこは絶壁となっている。この居住地の面積は、最大で一万二六〇〇平方メートルにおよぶ。ただし、居住地内は飛鳥～奈良時代に大規模に改造されており（第5章参照）、古墳時代の遺構は竪穴住居四棟と、塀（柵）などの施設を検出したにとどまった。堀やこの居住地周辺では、首長の存在を示す遺物は出土しなかったが、おびただしい量の古墳時代中期の土器が確認されている。石垣をもつ構造や、その占有面積などからみて、古墳時代の豪族居館である群馬県の三ツ寺I遺跡に匹敵するようなものであった可能性がある。

また、この遺跡はそれとわかる高台にあるが、南郷遺跡群のなかでは比較的緩斜面にあり、水の便などにもめぐまれ、居住環境にもすぐれている。南郷遺跡群の南端に近い、極楽寺ヒビキ遺跡がまつりの場であれば、多田桧木本遺跡は、王の居住した場所かもしれない。あるいは、第5章に述べるように、この北側にはさらに居住環境に適した名柄《ながら》遺跡が広がるので、王が実際に生活したのは、この多田桧木本遺跡より北側であったかもしれない。不明な点が多く、断定するには至らないが、南郷遺跡群において、身分的にかなり上位にあった人の居住空間である可能性が考えられる。

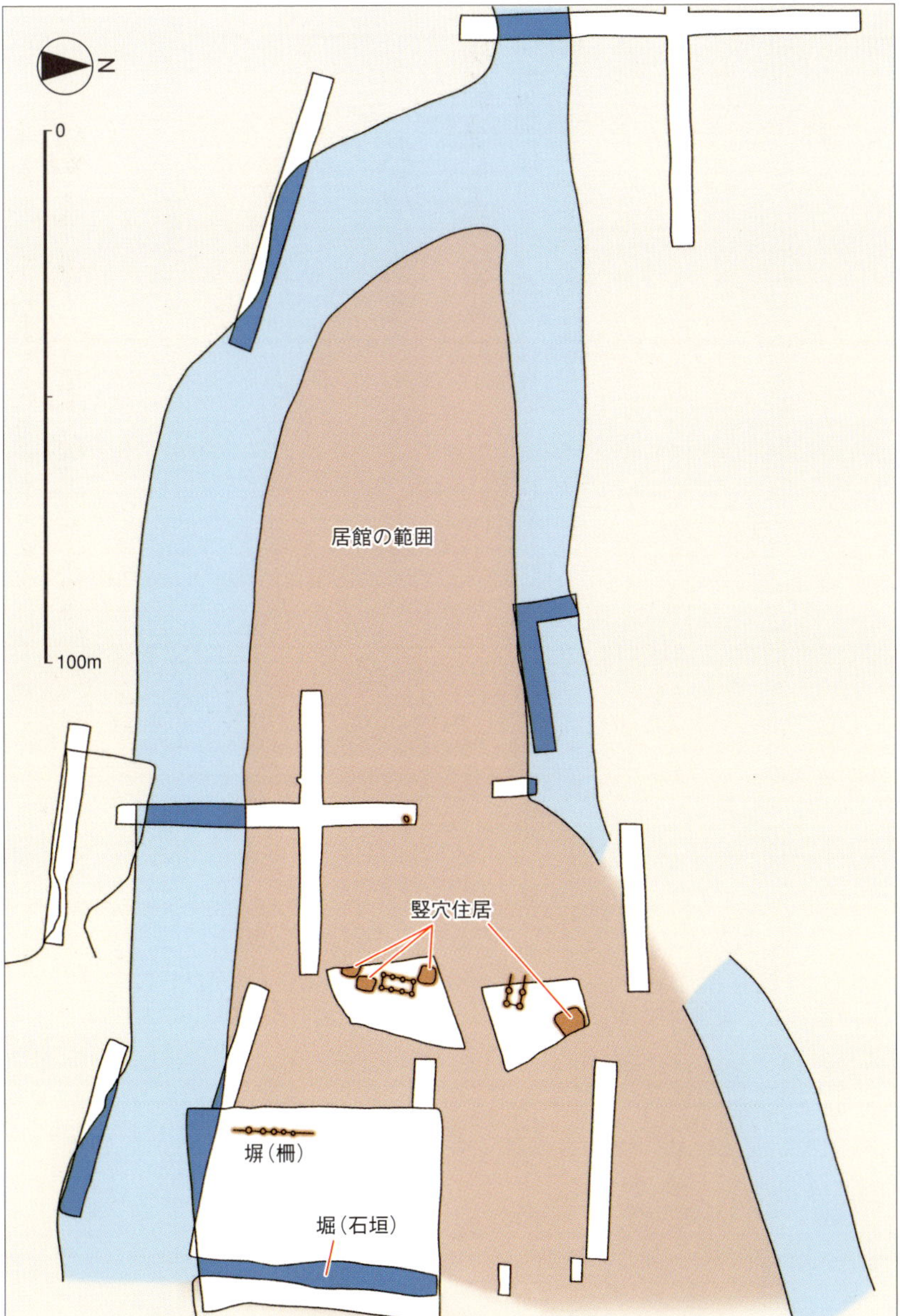

図 29 ● **多田桧木本遺跡の居館平面図**
自然流路と、堀で囲まれた広大な居住地が確保されている。堀には石垣が積まれている。

第4章　王をささえた手工業生産

1　武器を生産した特殊工房

焼けた土に大量の遺物

南郷遺群中央部の高所に位置する南郷角田遺跡《なんごうかどた》では、さまざまな原材料を用いて大規模生産をおこなった特殊工房が確認されている。

県道に沿ってあけた幅四メートルのトレンチの北端部分で、粘土層を掘り込んでつくられている五世紀末頃の竪穴住居や製塩土器、琥珀《こはく》製の勾玉《まがたま》などが確認された。さらにその粘土層を除去すると、その下層は著しい熱により赤化した砂層であった。その砂層のなかから膨大な量の金属、ガラス、鹿角《ろっかく》製の遺物が混じり合って検出された。これらの遺物は、ほとんどが幅一センチに満たないごく小さなもので、土をふるいにかけてはじめて確認できた。赤化した砂層を除去すると、その下層からは壁面が赤く焼けた穴が並んだ状態で確認され、出土した土器には韓式系土器や須恵器が多く含まれていた。

このような状況から、ここで土が焼けるほどの高い熱とさまざまな原材料を用いて再生産や加工がおこなわれ、なんらかの製品が生産されたことを想像することはたやすい。年代は、五世紀前半代である。しかし、その製品がなんであるか、いまだに判然としていない。

謎の小鉄片

赤化した砂層から出土した遺物のなかで、もっとも数多く確認されたのが小鉄片である（図30）。総重量は一キロに達する。大きいもので縦・横〇・五〜一センチで、厚さは〇・三〜〇・九ミリほどのきわめて薄いもので、簡単に壊れてしまう。その表面に黒錆が発生しているものが多いが、一部赤く錆びているものもある。なかには直径一〜二ミリほどの小さい孔がうがたれているものも見受けられる。鉄を金槌で叩いて鍛造するときには、熱せられた鉄が飛び散る。これらは鍛造剥片《たんぞうはくへん》と称され、遺跡から発見されることもあるが、縦・横一〜二ミリほどのごく小さいものである。ここで確認されたのはその一〇倍にも達する大きさである。また、孔がうがたれたもの

図30 ● 小鉄片の拡大写真（上）とその集合写真（下）
小鉄片のなかには直径2mmほどの小さな円孔がうがたれているものがある。

が存在するので、これを単純な鍛造剝片として理解することはできない。大澤正己《おおさわまさみ》氏や佐々木稔《ささきみのる》氏など、鉄を研究する自然科学者の意見を仰いだが、大澤氏は意図的に鉄を叩いてつくった鍛造剝片であり、これをさらにこまかく砕き、鉄精《てっしょう》とよばれる研磨材として利用した可能性を指摘した。また佐々木氏は、銅を溶かし、熱量を調整する目的（造滓剤《ぞうさいざい》）で、ほかの原材料とともにこれを用いたと考えた。

遺跡内では鉄滓《てっさい》や鞴羽口《ふいごはぐち》の出土がないことから、単純に鉄器の鍛造だけをおこなっていたわけではないことが明らかである。鉄滓とは、鉄の精錬、鍛冶、鍛造のさまざまな過程で排出される鉄の残滓をさす。鞴羽口は、高温にするために風を送り込む装置（鞴）にとり付けられた土製品である。南郷遺跡群では、遺跡全体で鞴羽口は四〇点以上、鍛冶に関連する鉄滓が三〇キロあまり確認されており、盛んに鍛冶をおこなっていたのは間違いないが、南郷角田遺跡ではそれらが出土していないのである。一方、鉄製品の出土量は少ないが、甲冑《かっちゅう》の一部と思われるもの、鋲《びょう》留めした鉄製品、釘状の鉄製品などもみつかっていて、これらは鉄製武器・武具の部品と考えられる（図31）。

図31 ● 鉄製品
特殊工房でつくられていた製品の一部だろうか。

金・銀・銅

鉄以外の金属では、金、銀、銅がある。銀の出土量はごくわずかで、総重量は八グラムである。熱をうけ、球状や滴状になったりした銀滴《ぎんてき》（図32上）で、生産物を加工するときに生じたゴミだろう。古墳時代の銀製品としては、指輪や空玉《うつろだま》・帯金具などがあり、また刀剣に象嵌《ぞうがん》を施す例もみられるが、生産物のゴミとして銀が出土することは、これが唯一にして最古の事例である。

銅は弥生時代以来、国内生産が盛んにおこなわれており、本遺跡では製品と銅滴《どうてき》・銅滓が出土している（図32下）。製品には円環状のもの、棒状のものがあるだけで、用途はさだかではない。なにかの部品か、それとも再生産のための端切れなのか、はっきりしない。そうしたなか、冶金学《やきん》を研究する久野雄一郎《くのゆういちろう》氏の分析により、注目すべき結果がでた。銅滴・銅滓は全部で一八〇グラムあるが、銅滓には金が〇・一二パーセントも含まれていたのである。この数値は、銅の地金《じがね》に含まれている数値ではなく、金や金銅製品が溶けだしたものだというのだ。

南郷遺跡群と同時期の古墳には、帯金具・胡籙《ころく》（馬上で用いる矢をおさめる道具）などの金銅製品が副葬されており、鉄を下地にした金銅製品などの生産が本遺跡でおこなわれた可能性が指摘できる。

ガラス製品やくだかれた鹿角

ガラスも製品と滓が出土している（図33左）。製品は、

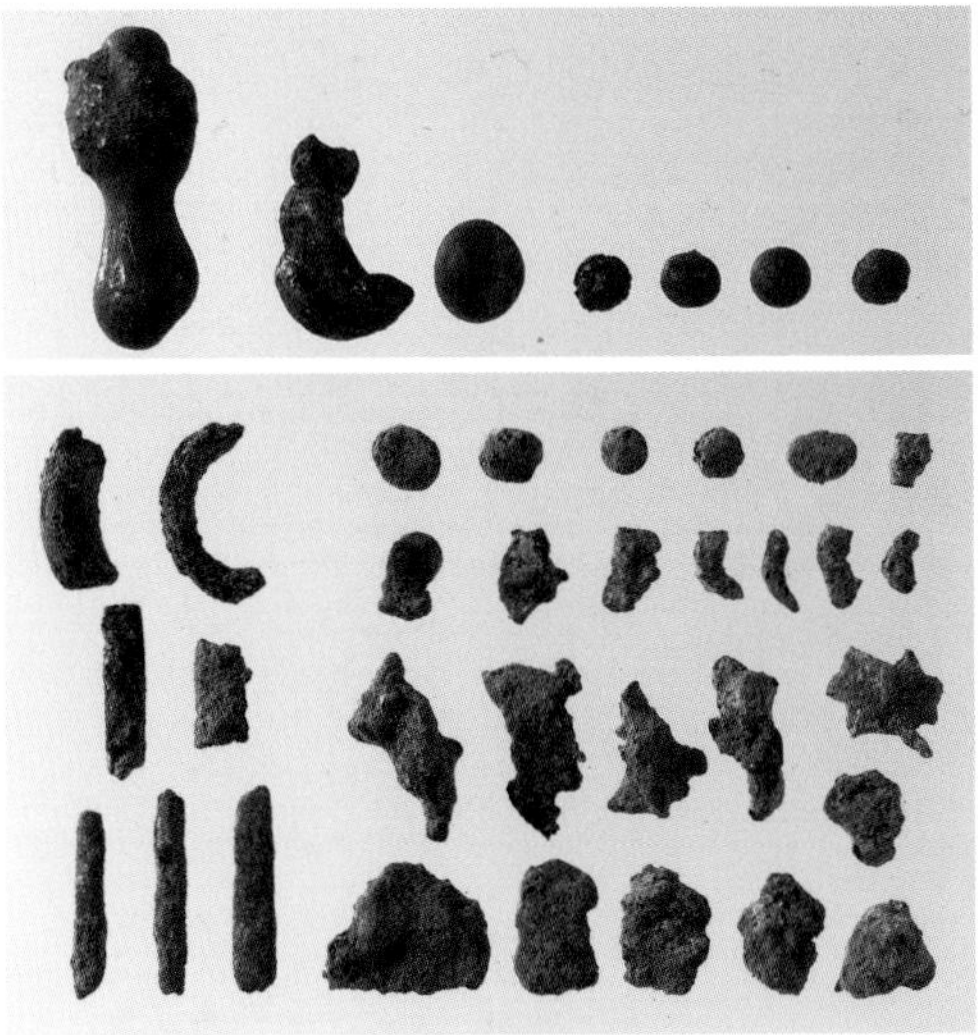

図32 ● 銀滴（上）と銅滴・銅製品（下）
金・銀を用いた生産を示す最古の考古資料。

直径五ミリ以上の丸玉が四〇個、小玉が一五二九個、管玉《くだたま》が四個などで、その多くが熱を受け溶着していた（図33右）。ガラス滓は、一一二グラムほどで、これも、熱を加えて加工した際のゴミである。

鹿角は、刀剣や刀子の鞘《さや》や把《つか》を飾る装具として用いられるもので、直弧文とよばれる文様が施される（図34）。本遺跡で出土しているのは、それが砕かれたかのような細片であり、しかも熱を受けて黒ずんでいるものも多く見受けられる。総重量は一八七七グラムに達する。重量としてはこの遺物がもっとも多い。刀剣・刀子など武器生産をおこなったときのゴミという見方が可能だろう。

さらに、これらの遺物が集中して出土した地点から少し離れた位置で、滑石製小玉が合計六八七個出土している。原材料やなんらかのゴミというより、生産に際しておこなわれた、まつりの痕跡とみることができる。

特産品の生産

この遺跡は、南郷遺跡群における大規模工房である。いろいろな原材料をもとにそれらを混合するという複合的な生産工房であり、熱を加え、さまざまな製品を加工したコンビナートのような役割を

図33●ガラス玉（左）と熱を受け溶着した玉（右）
ガラス丸玉の直径は約2cm。

担っていたと想像できる。武器を中心とした特産品を生産していた南郷遺跡群の特殊工房であったと考えられる。

南郷遺跡群の南七キロに位置する五條猫塚《ごじょうねこづか》古墳では、蒙古《もうこ》鉢形《はちがた》の冑《かぶと》とともに、挂甲《けいこう》の小札《こざね》と金銅製の龍文帯金具がくっついた状態で出土している（図35）。挂甲は、小札とよばれる小さい鉄板を何枚も綴じ合わせた新式の鎧《よろい》で、古墳時代中期以降に出現する。五條猫塚古墳の鎧の場合、龍文のついた帯が巻かれていた可能性がある。帯は役人が締めるもので、甲冑は兵士が身につけるものだ。きわめて特殊な使い方といえるが、南郷遺跡群の生産品は、このような特殊なものだった可能性が高い。

2　鉄と塩の交易センター

高台の倉庫

井戸大田台《いどおただ》遺跡は遺跡群中央の高所にあり、奈良盆地全体を見渡せる。一辺約九メートル（約二六坪）のきわめて大規模な総柱《そうばしら》構造の掘立柱建物が三棟、南北に並んでいた（図36）。周囲の地形から判断すると、それ以上の建物が存在した可能性は少ない。総柱構造とは、床下部分にも柱を立てて、床を支える構造で、重量物を載せてもその重みに耐えられ

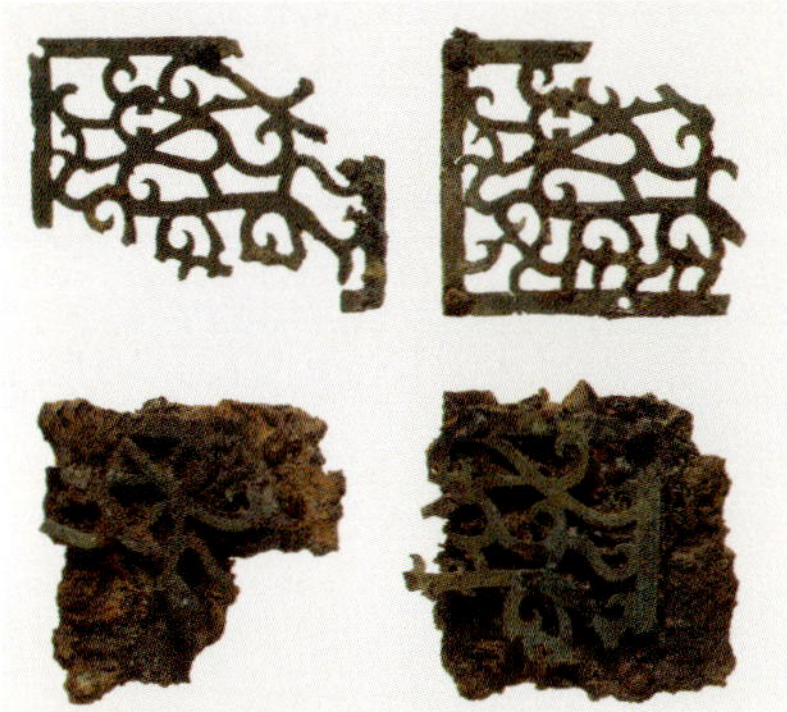

図35 ● 龍文帯金具と挂甲小札
五條猫塚古墳出土。

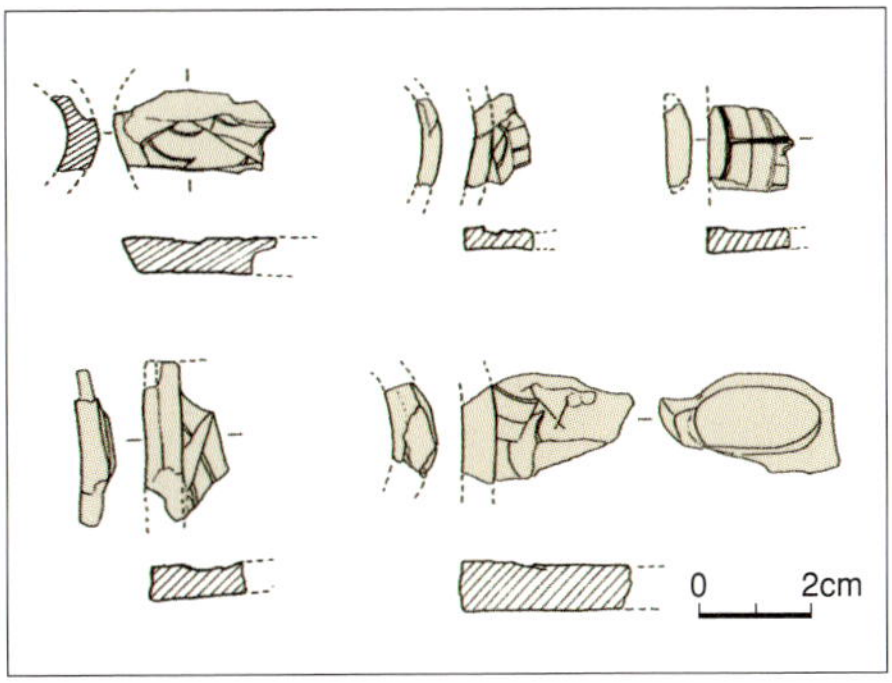

図34 ● 鹿角
鹿角はこまかく砕かれていたが、直弧文が施されているものが多くみられる。

るようになっている。そうしたものを入れる倉庫であろう。

古墳時代中期における同様の大規模な倉庫群は、奈良県では布留遺跡に例があり、そのほか大阪府の法円坂《ほうえんざか》遺跡、蛍池東《ほたるがいけひがし》遺跡、和歌山県の鳴滝《なるたき》遺跡などでも確認されている。井戸大田台遺跡例がこれらの遺跡と違う点は、塀（柵）が二列あり、一間×九間以上という非常に細長い建物をその間に付属させていることである。

調査当初、この倉庫群は前述した南郷角田遺跡の特殊工房で生産された金属製品などを収納したと予想した。しかし、この建物は五世紀後葉に建てられたことが出土遺物から判明し、その想定は成り立たなくなった。残念ながら、柱穴の掘方からは滑石製管玉や剣形石製品などが出土したが、倉庫におさめたと考えられる遺物は出土しなかった。そのようななかでも、倉庫におさめられた物を探る手がかりはある。

倉庫におさめられた物資

倉庫群から約五〇〇メートル東方に位置する南郷《なんごう》九山《くやま》遺

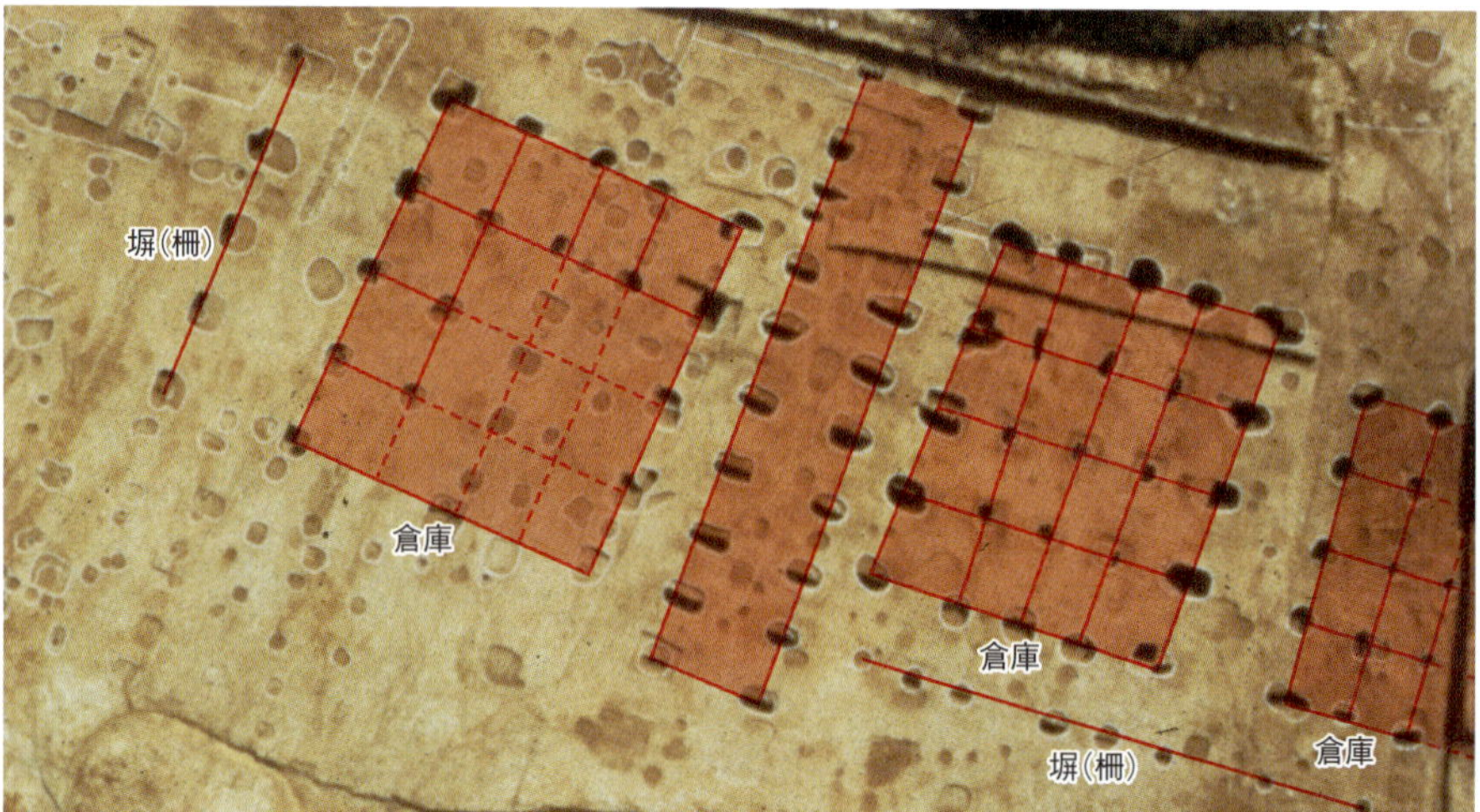

図36 ● 井戸大田台遺跡の倉庫群
5世紀代の大型総柱建物が3棟以上並ぶのは、奈良県内ではここだけであり、壮観である。

跡の西端では、約一〇キロにおよぶ鉄滓が検出されている。この鉄滓の量は南郷遺跡群でもっとも多く、それに見合う量の鉄器を周辺で製作したことが想定できる。まず、この鉄器が倉庫におさめられたと考えられる。もうひとつ、南郷遺跡群周辺では入手困難な塩がここに収納された可能性がある。倉庫群の南方と西方には、五～六世紀代の竪穴住居群がある。西方の住居群は五世紀前半のもの、南方の住居群は五世紀後葉の倉庫群とほぼ同時に営まれたものである。また、南方では竪穴住居に混じって六世紀代の大壁建物《おおかべたてもの》も検出されている。西方では、主柱穴の並び方やつくりつけ竈《かまど》の有無などで違いがみられるものが、隣接して二棟一組になる状況を確認できた。さらに、これらの住居の貯蔵穴および竈内から製塩土器片が出土した。

製塩土器とは、海水をこしたものを土器内に入れ、煎じ詰めて塩を得るための容器である。その容器は、生産地では塩を液体からゼリー状などの半固形物にして、そのまま消費地へ運ばれ、消費地では再加熱して精製塩を得るという複数の用途を兼ねていたと想定されている。塩は内陸部では得られない重要な物資なので、王がみずからの支配領域を掌握するために、最大限にその富として活用したことは容易に想像できる。南郷遺跡群内でも南郷大東遺跡や多田桧木本遺跡という、王がかかわったとみられる施設での出土量が他を圧倒していることはそれを象徴していよう。また、製塩土器の形により、生産地もある程度推定できるが、それによると、大阪湾岸産と紀ノ川河口部産とがあり、前者が圧倒的に多い。

井戸大田台遺跡の倉庫は、いわば塩と鉄の交易センターとしての役割を担っていたと考えられる。

3 親方層の住居と渡来人

大壁建物

遺跡群のほぼ中央、南郷角田遺跡のすぐ東側で、南郷角田遺跡と同様、調査の初年度に確認されたのが南郷柳原遺跡である。古墳時代の一般住民は、竪穴住居に住んでいたわけだが、この遺跡で確認されたのは、石垣の基壇をもつ大壁建物である（図37）。

石垣は上端が大きく削られて、高さは七〇センチほどしか残っていないが、すべり落ちた石の状態からすると、本来の高さは一・五メートル以上におよんだものと考えられる。その平面形はL字形に曲がり、南北は一三メートル以上、東西は三・五メートル以上である。石垣のコーナーにあたる場所は、六世紀代の竪穴住居がつくられ、大きく破壊されているが、住居の下層では石垣の基底石と考えられる石も残っている。石垣の間からは、五世紀前半代の土器の破片が出土している。

大壁建物は石垣と方位を揃えて建てられたものである。壁のなかに柱を埋め込んでしまう構造を大壁づくり、それに対し、柱と柱の間に壁をつくり、柱が外観からみえる構造を真壁《しんかべ》づくりという。奈良県では明日香村の檜前《ひのくま》遺跡群や高取町の観覚寺《かんがくじ》遺跡、滋賀県では穴太《あのう》遺跡群など渡来人の居住地で溝のなかに柱をたくさん建てた大壁建物が多く確認されており、「渡来人の家」とされている。ただし、類例が少ないため、建物の詳細な構造を把握することはむずかしく、実際それらが大壁づくりであったかどうかもさだかではない。ただ日本列島では根付かず、朝鮮半島からの渡来人が残したものとして意義づけられる点が重要である。

大壁建物は百済が源流か

南郷柳原遺跡の大壁建物は、北側と東側の上端が大きく削られ、北辺部についてはまったく残っていないので、正確な規模はわからないが、東西七メートル、南北九・七メートル以上の長方形の平面プランで、溝内で柱の痕跡を確認したほか、東西の短辺側中央（妻部）に大きな柱の抜き取り痕跡が確認されたことから、棟持《むなもち》柱《ばしら》を独立させた構造であったと考えられる。周辺からは、土器のほか鍛冶関連遺物や大型の鉄《てっ》塊《かい》が確認されており、この住人が鉄器生産に関連した人物であったことを想像させる。

この大壁建物の遺構・遺物の状況から想定される年代は、ほかの遺跡と同じく、南郷遺跡群の盛期である五世紀前半で、日本国内で検出さ

図 37 ● **南郷柳原遺跡の大壁建物**（奥）**と石垣**（手前）
石垣の隅角部は、6 世紀前半代の竪穴住居により破壊されている。

れているなかでは最古となる。

一方、朝鮮半島においても、公州《コンジュ》の武寧《ムニョン》王陵の近くで発見された艇止山《チョンジサン》遺跡をはじめ、百済が都を熊津《ウムジン》（公州）や泗沘《サビ》（扶余《プヨ》）においてから後の、六～七世紀代の事例が多く、南郷遺跡群の事例が突出して古いことが問題となっていた。ところが、最近百済が漢城《ハンソン》（ソウル）に都をおいたときの王宮と考えられる風納土城《プンナップトソン》で、その起源と考えられる大型の竪穴住居が確認されたことにより（図38）、源流は百済にあるという考えが浮上してきた。住居の壁沿いに幅の広い溝を掘り、柱を建てている点は大壁建物と共通するが、その構造などわからない点も多く、大壁づくりかどうかは、はっきりしない。大壁建物の源流かどうかはまだ断定できないが、その可能性は高い。

親方層の住居

南郷遺跡群では、前述の井戸大田台遺跡など、五～六世紀代を通じて大壁建物が比較的多くみつかっており、複雑な構造からシンプルな構造へと変化しているようだ（図

図38 ● 風納土城の大型竪穴住居跡
2006～2007年、韓国国立文化財研究所が調査した。平面形が六角形で、長さ5.46 mという大規模な竈がある。住居の床面積は350 m²。

39）。今後、類例がふえていけば、百済からの渡来人がどのように来て定着したかがわかるかもしれない。いずれにせよ、渡来人が石垣の基壇をもつりっぱな大壁建物の屋敷に住んで、竪穴住居に住む一般住民の鉄器生産を指導・監督していた様子が再現できるのである。彼らは、現代風に言えば、職人の親方のような存在であったに違いない。わたしは、こういう人びとを「親方層」とよんでいる。

このように広い敷地を占有した親方層の居住地は、井戸《いど》井柄《いがら》遺跡でも確認している（図40）。南郷遺跡群の中央部やや南寄りの場所で、掘立柱建物と石垣を確認した。

石垣は高さ約一メートルで、掘立柱建物の北側をL字形に屈曲しながら、南北四・八メートル、東西三・五メートルの規模でめぐっている。石垣は、横穴式石室の壁面

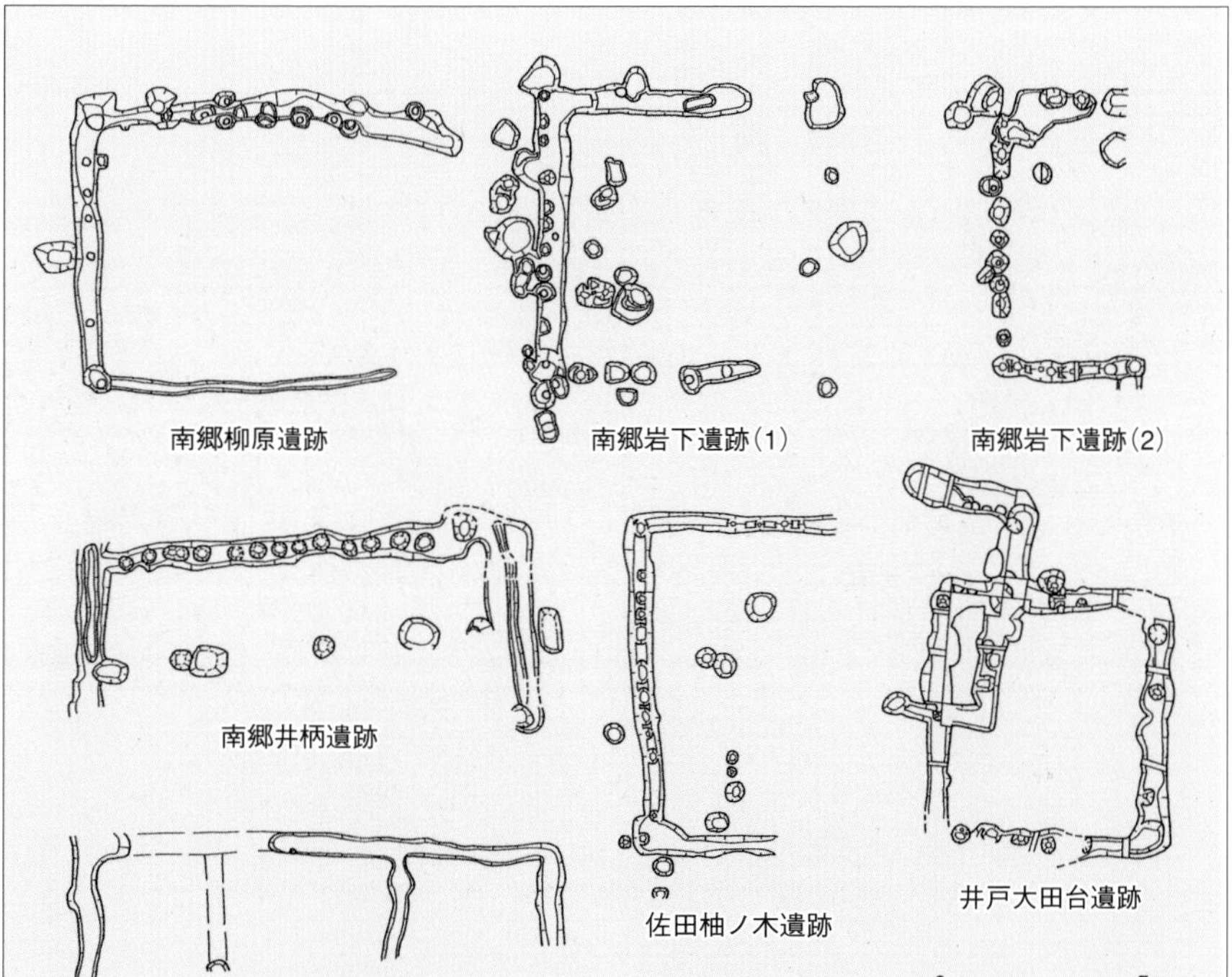

図39 ● 南郷遺跡群各所で検出された大壁建物

のように垂直に三段積まれるが、コーナー部分は丸みを帯びる。西端部分はステップ状に石が平積みされていることから、ここが階段であったと考えられる。

掘立柱建物は三間×三間の総柱の構造で、居住施設というより倉庫かもしれない。調査面積が限られているので全体の構造はわからないが、傾斜地を大規模に造成し、相当規模の面積を占有して人が住んでいたのは確かな事実である。

この居住地のすぐ下では竪穴住居がいくつか確認されていて、住居内から多数の韓式系土器が出土した。ここで出土した韓式系土器には、百済系や伽耶系の土器のほか、在来の土師器と複合したようなものが多数ある。また、この石垣基壇をもつ建物の周辺や竪穴住居の周辺では、鉄器生産に関連する鞴羽口や鉄滓などの遺物が出土している。土器の年代は、他の遺跡と同じ五世紀前半である。こうしたところから、この居住者もまた南郷柳原遺跡とほぼ同時期の朝鮮半島に出自をもつ渡来系の鉄器生産工人を指導した親方層であっ

図 40 ● 井戸井柄遺跡の石垣
石垣には左手奥に階段と考えられる石積みがある。手前の白線は柱穴。

た可能性が高い。ただし、ここでは中心の建物が大壁建物ではないので、渡来人ではなく倭人であったとも考えられる。

親方層が葬られた古墳

親方層は王と一般住民の間にある中間層で、その立場からみて、小規模な円墳の被葬者となったと推定できる。古墳時代後期になると、全国各地で小規模な円墳がたくさんつくられる、いわゆる群集墳の時代がやってくる。これらの遺跡は、そうした群集墳の時代に先がけて群集墳をつくった人びとの居住地と考えることができる。

葛城の王の墳墓の一つである室宮山古墳の南側に位置する巨勢山古墳群には、五世紀前半に築造されたと考えられる境谷《さかいだに》四号墳がある。鍛冶のときに使うヤットコ（鉄鉗《かなはし》）や鉄床《かなとこ》、砥石《といし》などを副葬品におさめた小規模な円墳である。南郷遺跡群の親方層が葬られた古墳の有力な候補の一つである。

群集墳が築造されはじめたきっかけは、古墳時代中期に農業生産力が向上し、有力な農民層が富を蓄積して、古墳をつくる身分にまでのしあがったという学説が、かつては有力であった。しかし、それではこの地域にごく初期の多数の群集墳が存在する理由を説明できない。葛城地域の盛んな手工業生産、とりわけ鉄器生産に着目すべきである。

本書で明らかにするように、葛城の王は当時の先進技術をもつ渡来人を優遇し、その実力の基盤とした。そして、それを指導・統括できるような人びとをとり立て、王の支配領域に住まわせ、ごく限られた人にしかつくることができなかった古墳の築造を親方層に許し、彼らを懐柔したことこそが、群集墳築造のきっかけになったと考えられるのである。

4　人びとの生産活動

王をささえた多彩な手工業生産

遺跡群の各所では、丘陵の高所を中心に、竪穴住居が集まった集落が散在している。小規模なものとしては、竪穴住居四〜五棟で構成される南郷千部《なんごうせんぶ》遺跡や南郷田鶴《なんごうだづ》遺跡、大規模なものとしては、竪穴住居一〇棟以上が集中的に確認されている下茶屋カマ田遺跡、佐田柚ノ木《ゆき》遺跡がある。

これらは葛城の王のもとにあって、集落の内外で手工業生産を中心とした盛んな生産活動をおこなっていた一般住民の居住地である。南郷遺跡群を葛城氏の工業団地と称する理由がここにある。手工業生産の様相と、それぞれの集落における渡来人のかかわりを中心に、各集落の状況をみていこう。

在来文化と渡来文化の交流—南郷千部遺跡

遺跡群のほぼ中央にある南郷千部遺跡では、一辺七メートルの大型の竪穴住居一棟が高所にあり、その下方で一辺三〜四メートルほどのごく普通の規模の竪穴住居が三棟確認された（図

41）。南郷千部遺跡の北側は、親方層の屋敷が確認された井戸井柄遺跡までの約一五〇メートルの間に遺構がなく、周囲からは孤立した環境にある。三棟の住居からは同時期の須恵器出現期にあたる五世紀前半代の土器が出土している。住居は方位を揃え、間隔もほぼ等しいことから、きわめて計画的に配置されたものであることがわかる。

大型の竪穴住居からは、たくさんの土器のほか、ミニチュアの鉄斧が出土している（図48）。それらのなかには、鍛冶をおこなったときの試作品と考えられるものがあり、朝鮮半島では古墳からの多数の出土例があるほか、鉄器生産にかかわる集落で出土することがある。こうした遺物が日本の古墳時代の集落から出土したときは、渡来系の鍛冶集団に関連する遺物と考えられる。南郷千部遺跡全体で、鞴羽口が一点、鉄滓が二四四グラム出土している。これは、遺跡群内の他の遺跡にくらべると少ないが、ミニチュアの鉄斧とあわせて考えると、竪穴住居の住

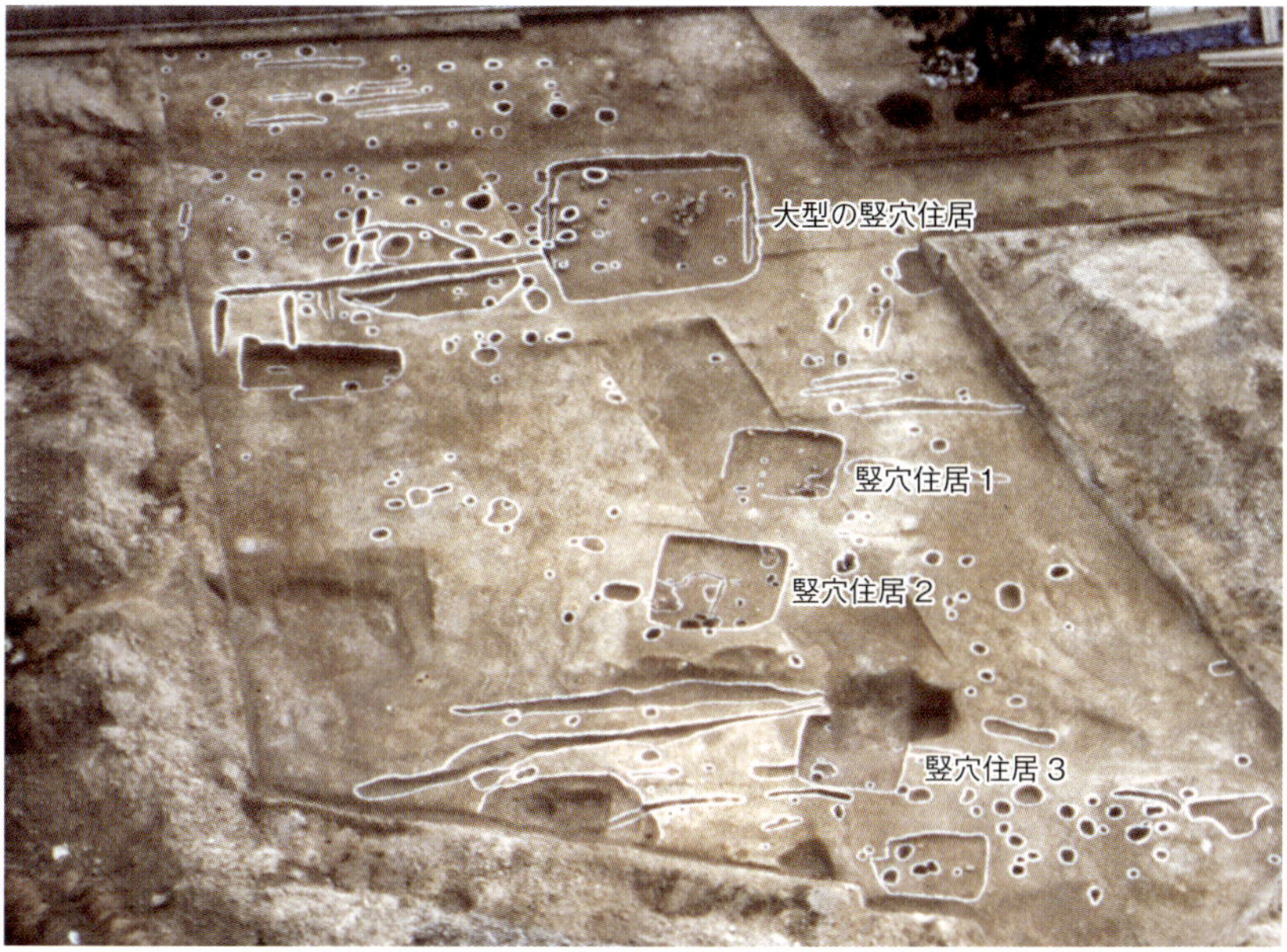

図41 ● **南郷千部遺跡全景**（上空から）
大型の住居1棟と普通の竪穴住居が3棟ある。

人が鍛冶生産をおこなっていた証拠であるともいえる。

この住居のすぐ東側の竪穴住居では象徴的な土器が出土している（図42）。一つは、蒸し器として使う甑《こしき》に転用したと考えられる土器で、布留式甕とよばれる在来の煮炊用の土器の底に直径一センチほどの蒸気孔をいくつもあけてあった。甑形の土器は朝鮮半島では早くに出現するが、日本では須恵器生産が伝えられた古墳時代の中頃に伝わり、渡来人がもたらした韓式系土器の代表格といえる。韓式系土器の甑は、南郷遺跡群の各地で多数出土しているが、南郷千部遺跡では韓式系土器はきわめて少なく、そのかわりに在来の土器に孔をあけてその代用品としているのである。渡来文化と在来文化の折衷である。

今一つ、特徴的な土器がある。土師器独特の器形である小型丸底壺とそれをそっくり写した須恵器、須恵器の器形である𤭯《はぞう》とそれをそのまま写した土師器が、セットで出土している。土師器と須恵器の製作者が交流していたことのあらわれである。南郷遺跡群内では、時折こうした土器が認められるが、住居内でセットとして出土しているのはめずらしい。

南郷遺跡群内で須恵器窯はまだみつかっていないが、地形から

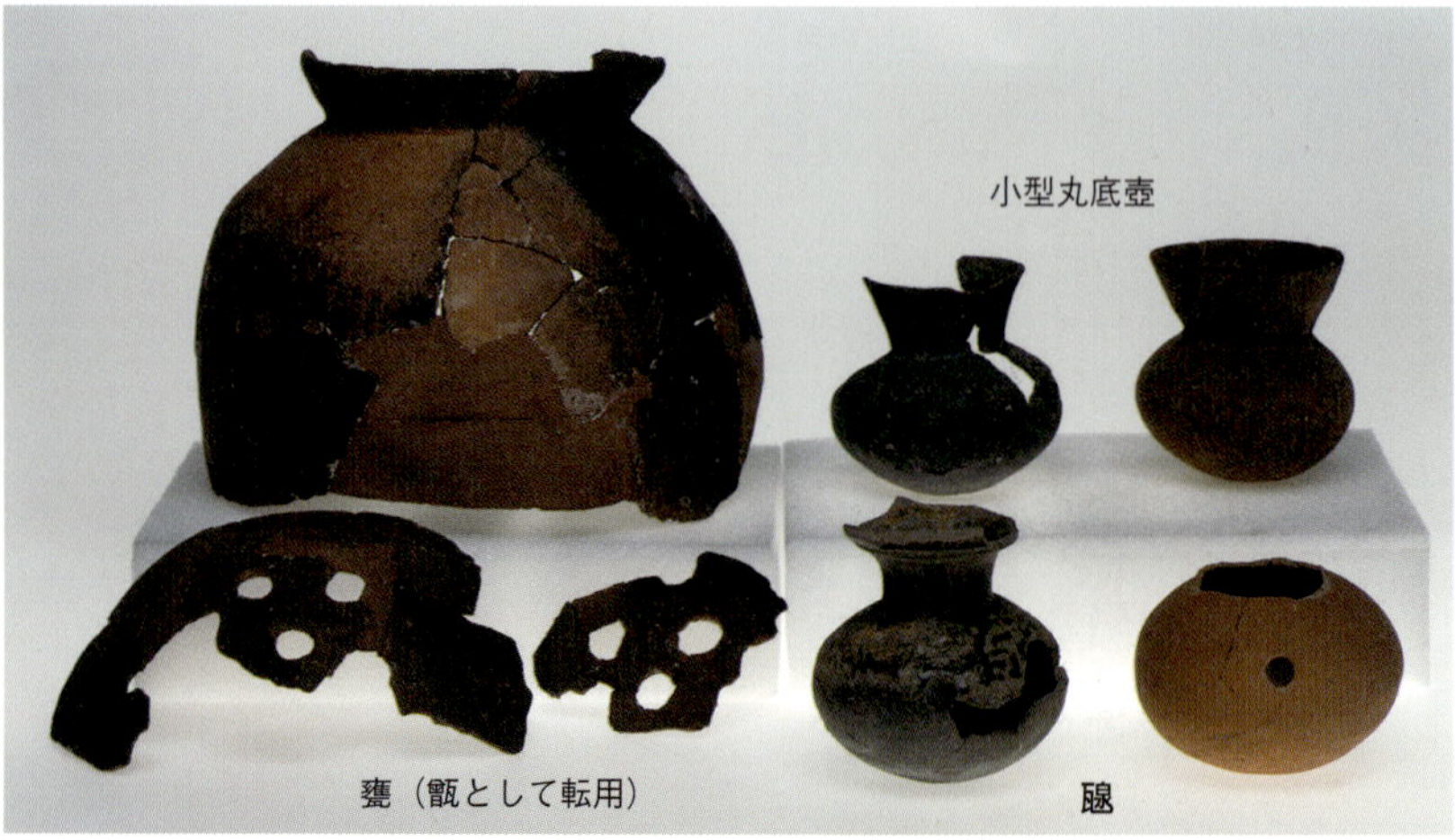

図42 ● 南郷千部遺跡の竪穴住居から出土した土器

みて、それが存在した可能性はきわめて高い。須恵器生産の技術も朝鮮半島からの渡来文化であり、転用甑の存在とあわせて考えると、この住居の住人が、さまざまな土師器をつくるなかで渡来技術を導入し、遺跡群内で須恵器生産を開始したとみることができる。

南端部の小集落—南郷田鶴遺跡

南郷田鶴遺跡は、南郷遺跡群の南端部の小集落の一つである。奈良盆地の眺望はあまりきかない。急な斜面の狭い平坦面を利用して、数基の竪穴住居を営んだようである。調査では二基を確認した。いずれもつくりつけの竈をもち、土器が出土している。

土器のなかでは、とくに異形の高坏が注目される（図43）。坏部全体に縦長の長方形透《す》かしを二段に交互に配した特異な形状をしている。国内では大阪府の太秦《うずまさ》古墳群、三重県の八重田《やえだ》古墳群などに近い形のものがあるが、いずれも一段の透かしである。また、朝鮮半島では南東部の新羅・伽耶地域に近いものがあるが、現状では同じ形のものはみられない。

南郷田鶴遺跡や前述の南郷千部遺跡では、渡来人の痕跡はほとんど認められない。この高坏なども渡来人の存在を直接裏づけるものではない。韓式系土器はわずかに存在するが、朝鮮半島から直接輸入されたと考えられるものはない。南郷遺跡群全体でも、そうした

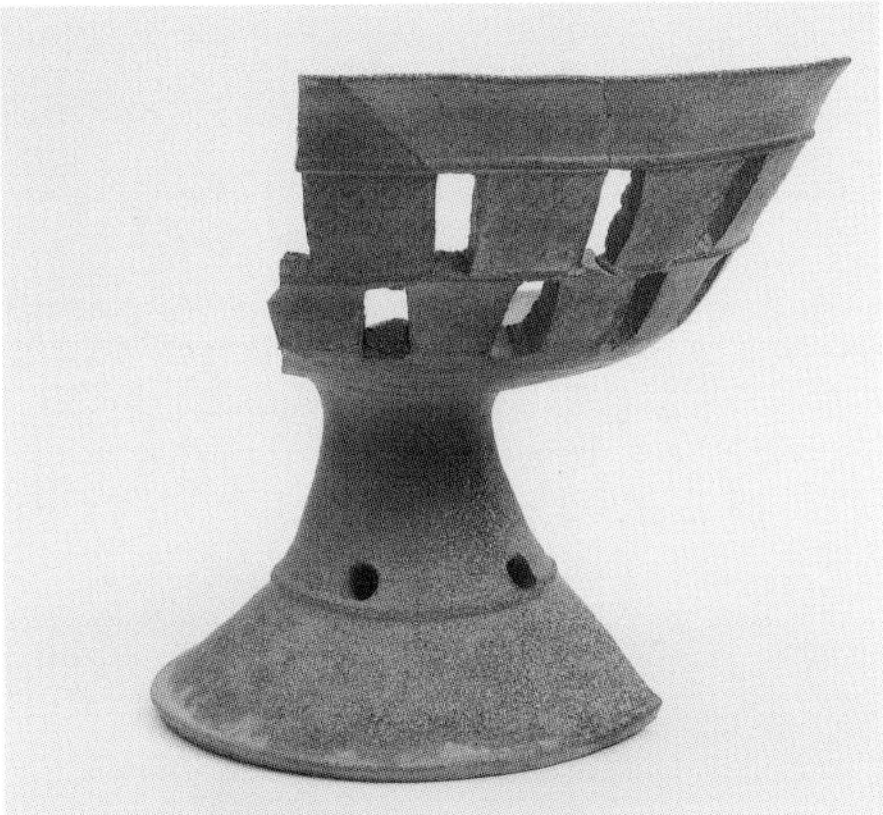

図43 ● 南郷田鶴遺跡出土の異形の高坏
機能的には高坏というよりも、器台である。

ものはごく少数しか認められない。南郷遺跡群の一般住民は倭人がほとんどで、ひとにぎりの渡来人が手工業生産の技術指導をしていたのだろう。

韓式系土器は、日本列島に積極的に受容され、在来の土師器の形に大きな影響を与えた。竈が導入され、食生活など生活様式も大きく変わった。五世紀前半頃には、土師器と韓式系土器の中間的な土器がたくさん出現する。土師器をベースに、試行錯誤をくり返しながら、それぞれ独自の形態を編み出したようである。その受容の速度は、地域によって違っていたと考えられる。南郷遺跡群では五世紀後半に韓式系土器がほぼ姿を消すので、その時期に渡来文化の受容が完了したと考えられる。

玉生産と鉄器生産―下茶屋カマ田遺跡

下茶屋カマ田遺跡は、遺跡群の北東寄りの比較的低い場所に位置する。一九九三年に調査した南側の調査区と一九九八年の北側の調査区がある。古墳時代の竪穴住居が一五棟、掘立柱建物は六棟あり、このほか溝、土坑などの遺構も多数検出している。

南側の調査区では、遺跡の東限を示す溝や塀などの施設のほか、一辺四~五メートルほどの方形の竪穴住居が九棟検出された（図44）。出土土器からみて、五世紀前半から後半までの間に、順次形成されていったと考えられる。

興味深いのは、玉生産に従事していた人びとが住んだ住居と、鉄器生産に従事した人びとが住んだ住居が明確にわかることである。

玉生産関連の住居は二棟あって、北陸地方あるいは山陰地方で産出される緑色《りょくしょく》凝灰岩《ぎょうかいがん》（グリーンタフ、図45）を大きく割った剝片や管玉を加工する途中の未成品などが出土している。住居以外でも、溝・土坑などから緑色凝灰岩の破片や未成品が出土していて、その総量は一八〇〇グラムに達する。また、北側の調査区では錐《きり》と考えられる鉄製品も出土している。ただし、住居を玉生産専用の工房とすることはむずかしい。全体の出土量に占める住居内からの遺物の総量が少ないし、つくりつけの竈や土器などに生活の痕跡が明瞭にうかがえるからである。玉生産にとり組んだ住人が、住居内に玉生産関連の物をもち込んだものと考えている。

鉄器生産関連の住居は三棟ある。住居内から鞴の羽口や鉄滓が出土している（図46）。この場合も鉄器の生産を住居内でおこなったわけではなく、ここでの生活の痕跡が明瞭に認められる。鞴羽口や鉄滓については、この住居の住人が鍛冶生産にいそしんでいたことを示す遺物として注目される。

図44 ● 下茶屋カマ田遺跡の竪穴住居
この2棟の住居からは、鞴羽口と鉄滓が出土していて、
住人は鉄器生産に従事していたと考えられる。

同様に北側の調査区においても、二棟の竪穴住居から鉄滓が出土している。また、このほかに一辺六メートルのやや大型の竪穴住居があって、多量の土器が検出されたが、ここから鉄製品として曲刃鎌《きょくじんがま》が三点出土している。南郷遺跡群で生産されていた鉄製品の一つであろう。この竪穴住居がつくられた頃は、鉄製の農・工具の大きな技術的革新期であった。鎌の形態も直刃《ちょくじん》から、現代の鎌と同じ曲刃に転換をとげる時期にあたっている。この下茶屋カマ田遺跡でつくられた最新式の鎌も、南郷遺跡群の代表的な生産物だったのである。

さらに北側の調査区では、古墳時代から奈良時代までの掘立柱建物が六棟確認されたが、このうち二棟が五世紀代のもので、小規模な総柱構造の高床式倉庫と考えられる。そのなかの二間（四・九メートル）×三間（五・一五メートル）の規模をもつ一棟では、鞴羽口や製塩土器が出土している。

このほか、下茶屋カマ田遺跡で出土した遺物で注目されるのが、陶製の算盤玉形をした紡錘車《ぼうすいしゃ》と筒形土製品（煙突）である

図 46 ●鉄滓・鞴羽口
下茶屋カマ田遺跡の竪穴住居から出土した。鉄滓には椀形の大きなものと小さなものがある。いずれも鍛冶の作業で排出されたもの。

図 45 ●緑色凝灰岩と緑色凝灰岩製管玉
上は形割り段階。下は、研磨・穿孔したもの。管玉は、粗割り→形割り→側面打裂→研磨→穿孔の順序でつくられる。1 棟の竪穴住居からは、形割りした緑色凝灰岩が出土した。総重量は 323.1 g。

（図47）。

算盤玉形紡錘車は、朝鮮半島の新羅・伽耶の王陵から小規模古墳にまでみられる、亡くなった女性への副葬品である。日本では渡来人と関連するものと考えられている。

筒形土製品（煙突）は、百済の集落遺跡や山城にみられる遺物で、竈の煙突に使用されたものと考えられる。奈良県においても、桜井市城島《しきしま》遺跡や高取町イノヲク古墳群など渡来系集団に関連する遺跡で出土例がある。下茶屋カマ田遺跡の例は、扶余の双北里《サンポクリ》遺跡の事例とその組み合わせ方や形態が酷似する。ただし、双北里遺跡のものは瓦質で、瓦の製作技術を用いてつくられているのに対し、下茶屋カマ田遺跡のものは土師質で、在来の土師器製作技術でつくられている。百済の強い影響を受けるなかで、在来の人が製作したものといえる。それらは、六世紀中頃の須恵器の大甕とともに土坑におさめられていた。

南郷遺跡群では、六世紀の遺構・遺物は量的に少なく、一時的に衰退したあと、七世紀以降に再び盛期をむかえるが、渡来人の影響が継続的であったことが、この遺物に端的に示されている。

図47 ● 筒形土製品〈煙突〉（左）**と陶製算盤玉形紡錘車**（右）
筒形土製品は、下茶屋カマ田遺跡の土坑から出土した２点を合成したもの。

鉄器生産とガラス生産—佐田柚ノ木遺跡

佐田柚ノ木遺跡は、下茶屋カマ田遺跡から谷を挟んで北西側に隣接する場所にあり、葛上中学校のすぐ東側にあたる。

一九九八年度の調査面積は約三〇〇〇平方メートルだが、これは集落の広がりからすればわずかな部分にすぎない。しかし、ここで古墳時代から奈良時代までの竪穴住居一四棟、掘立柱建物一三棟、大壁建物一棟などの遺構が集中して検出された。古墳時代の遺構は、中期（五世紀）から後期（六世紀前半）におよぶが、竪穴住居や大壁建物、掘立柱建物二棟は五世紀代のもので、この時期が盛期である。

五世紀代の建物からは土器が出土しており、その大半は在来の土師器である。下茶屋カマ田遺跡の北地区と同様、製塩土器も目につく。韓式系土器は少ない。そうしたなかで、竪穴住居の五棟から鞴羽口や鉄滓が出土している。とりわけ、ＳＢ02とされた住居では、鞴羽口が二点、鉄滓が四六三グラムという多くの鍛冶関係遺物のほか、ミニチュア鉄斧が出土している（図48）。また、鉄鎌が出土している住居があったり、ミニチュア鉄斧が出土している穴があったりして、集落の住人が盛んに鉄器生産をおこなっていたことがわかる。さらに、注目されるのが、掘立柱建物の柱穴から出土した、たこ焼き器のようなガラス小玉の鋳型である（図48右）。

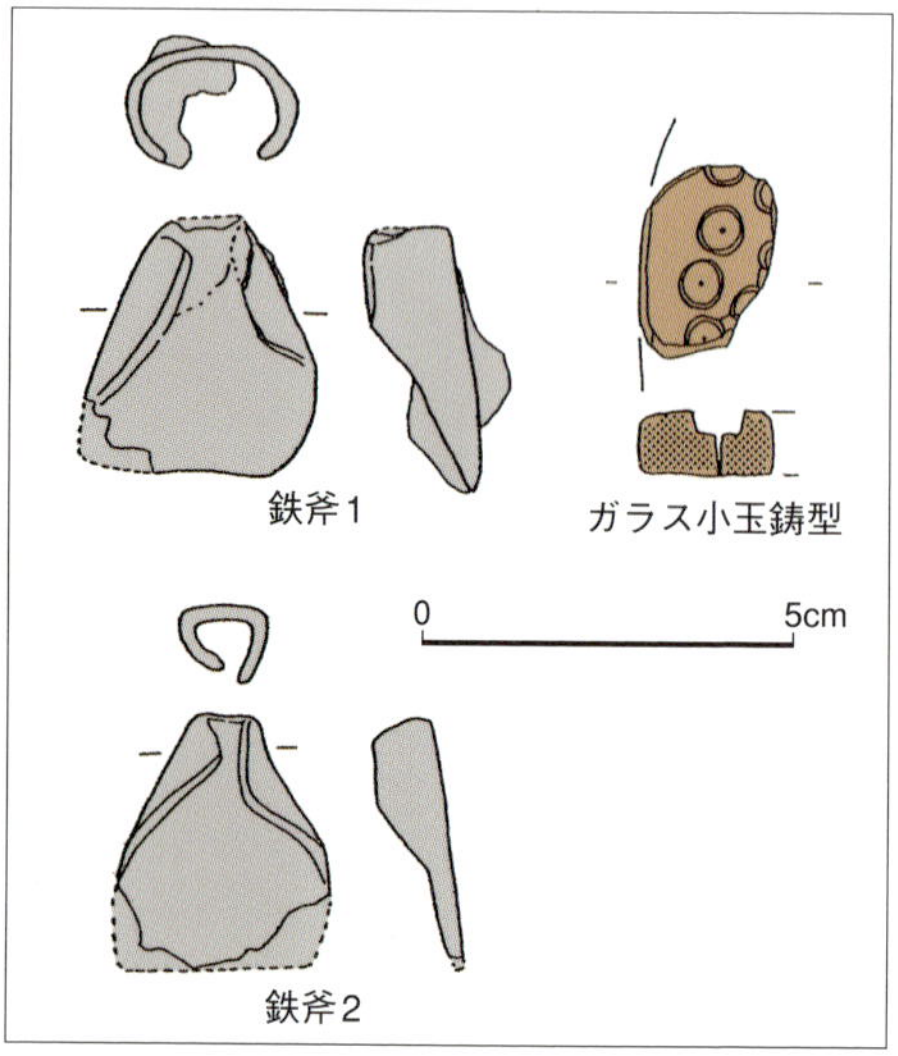

図48 ● ミニチュア鉄斧とガラス小玉の鋳型
鉄斧1は、南郷千部遺跡出土。
2は佐田柚ノ木遺跡出土。

ガラス細片を鋳型に一つずつ入れ、熱して小玉をつくるものだが、国内では渡来集団と関連する集落遺跡からの出土例が多い。朝鮮半島からもたらされた技術とみてよいだろう。

大壁建物が集落の中央に一棟あることも象徴的である。くり返し述べているように、大壁建物は百済系渡来人の建物と考えられるが、佐田柚ノ木遺跡では、竪穴住居より規模が大きいので、鍛冶集団の親方層の家と考えることも可能である。しかし、ほかの親方層の居住地は石垣の基壇をもつなど、周囲から独立した存在であることから、この居住者は親方層よりは劣った身分で、一般の人びとに混じって居住し、手工業生産の技術移植に重要な役割を果したと推測される。

渡来人とオンドル——林遺跡

南郷遺跡群の最南端にあるのが、林遺跡である。林遺跡の西側や南側では古墳時代の居住地はとだえ、横穴式石室を埋葬主体とする古墳群になっている。ここでは、五世紀前半頃の一辺五メートルほどの竪穴住居が、重なることなく九棟検出された。大壁建物や掘立柱建物はなく、竪穴住居だけが建ち並ぶ集落景観が復元される。一般的な竪穴住居の竈は、煙を直線的に屋外に排出するような構造になっている。南郷遺跡群でこれまで検出された竪穴住居は、ほとんどがこうした竈をつくりつけていた。林遺跡でも五棟で竈が確認されたが、そのうち四棟はこうした普通の竈で、一棟が煙を壁際に滞留させる構造をもっていた（図49）。竈の焚き口からのびる煙道がL字形に曲がっており、「L字形竈」と称される。

近年、明日香村の檜隈寺《ひのくまでら》の隣接地で、八世紀代の竪穴住居につくりつけられた石組みのL字形竈が検出された。檜隈寺は、渡来人が再編成され、蘇我氏の統括下におかれた東漢《やまとのあや》氏の氏寺である。古墳時代の事例では、林遺跡の事例が奈良県内唯一となる。他府県では石川県額見町《ぬかみまち》遺跡などに例があり、朝鮮半島系の渡来人と関連づけることができる。

竈の煙を熱源とする床暖房をオンドル（温突）という。現代の朝鮮半島では、ガスを熱源とする温水床暖房施設をオンドルと称しているが、かつては竈を熱源としていた。朝鮮時代の建物では、現存する事例と発掘調査での検出例がある。一方、同様に竈を熱源とし、住居の壁のなかやベッドに管を通して煙を滞留させ、暖房のほか、さまざまな用途に供する炕《カン》《こう》という施設が、中国東北地方に認められる。L字形竈の構造は、オンドルというより炕に近い。

最近、朝鮮半島やロシア沿海州では各時代の竪穴住居が数多く確認され、竈や炉にともなう排煙装置の事例が増加してきた。その構造にはさまざまなものがあり、系統をめ

図49 ● L字形竈をもつ竪穴住居
林遺跡で確認された。住居北側の壁面につくりつけの竈がある。

ぐる諸説がある。林遺跡のＬ字形竈の場合、朝鮮半島の百済地域で確認されている炕に構造的に近いとみることが可能だろう。もっとも、この住居をはじめとして林遺跡では、韓式系土器の出土はほとんどなく、このＬ字形竈にのみ渡来人の影響をうかがわせる。

鋳造鉄斧と子持勾玉—佐田クノ木遺跡・南郷井柄遺跡

南郷遺跡群のなかで注目される遺物として、佐田クノ木遺跡から出土した鋳造鉄斧がある。朝鮮半島では古墳、集落を問わず多量に出土し、農具（土掘り具）として使用された。日本列島では出土例が少なく、農具として使用されたとは考えられない。奈良県内の集落遺跡では、橿原市の東坊城《ひがしぼうじょう》遺跡とこの南郷遺跡群のわずか二例である。いずれも朝鮮半島から鉄素材として輸入された可能性がある。

このほか、南郷井柄《なんごういがら》遺跡では古墳時代のまつりに使った大型の子持勾玉、王の権威を示す蓋《きぬがさ》の実物や漆を漉《こ》す布などが出土している。いずれも、南郷遺跡群がただならぬ集落であったことを示すものである。

5　人びとの墓

土器棺の墓地

南郷遺跡群では、高所には住居やさまざまな施設などがつくられているが、谷筋にあたる部分を中心に、土器棺墓がつくられている。これらは、古墳をつくることができなかった人びとの墓と考えられる。

遺跡群のほぼ中央に位置する南郷《なんごう》九山《くやま》遺跡では、大量の古墳時代の遺物を含んだ自然流路が検出され、その近くの南斜面で、幅四メートル、長さ二九メートルの狭小なトレンチのなかから、土器を配置した遺構と、土器棺墓が三基並ぶようにして検出された。土器棺は、二つの土師器甕の口縁部をくっつけて、土坑におさめた、いわゆる合口式《あわせぐちしき》のものである（図50）。二つの土器の長さをあわせても、八〇～九〇センチと大人を土葬するのは不可能な大きさである。これは土葬したのち、骨になってからとり出して、埋葬し直した改葬墓と考えられる。ガラス小玉が出土している土器棺が一基、土坑の掘方（墓壙）のなかから滑石製勾玉が出土している土器棺が一基ある。周辺からは瑪瑙《めのう》製勾玉、滑石製勾玉、双孔円盤、砥石などが出土していて、いずれも副葬品や周辺でのまつりに使ったものと考えることができる。おそらく、このトレンチの付近には、土器棺を中心にした墓地が広がっていたのだろう。

また、土器を配置した遺構は、壺二個体の口を上に並べておいたもので、土器棺から間隔をあけて検出されている。その目的はさだかではないが、なかに何かを入れて墓に供えたか、あ

図 50 ● 南郷九山遺跡の土器棺墓
滑石製の勾玉が出土している。

るいは墓地の位置を明らかにするためにおかれたというような可能性が考えられる。

一基だけの土器棺墓

一方、南郷岩下遺跡で検出された土器棺は、南郷遺跡群の特徴をよく示すものである。南郷岩下遺跡は、大型掘立柱建物が確認された南郷安田遺跡のすぐ北側に位置するが、ここでは、独立して一辺六メートルほどの大壁建物が確認された。さらに、そこから四〇メートルほど離れた北斜面で、土器棺がぽつんと一基検出されている。土器棺は、掘方《ほりかた》の規模が長さ八〇センチで、二つの土器の口を入れ子状にして合わせた合口式である。掘方の小口部に石を置いて棺の位置がわかるようにしている。棺に使用された土器は、普通の在来の土師器だが、その下に平行タタキを施した韓式系土器片を敷いていた。大壁建物の存在とあわせて考えると、この棺に葬られた人が朝鮮半島と深いかかわりをもっていたことがわかる。

南郷岩下遺跡のすぐ西側の高所の南郷生坪《なんごうしょうのつぼ》遺跡では、掘立柱建物が確認され、その近辺の斜面部で、土器棺が一基確認されている。このほか、遺跡群の西北部に位置する井戸池田遺跡でも、竪穴住居の検出された場所からやや離れた南斜面で、土器棺を一基検出している。

このように、南郷遺跡群の土器棺は、墓地を形成している場合と、墓が一基だけ単独で存在している場合とがあるようである。どちらの場合にせよ、古墳時代の集落のなかに、こうした土器棺墓が存在すること自体、きわめて稀なケースであり、これが南郷遺跡群の特徴の一つと考えられる。

第5章　葛城の王を追って

1　「葛城高宮」はどこか

冒頭で述べた『日本書紀』の高宮は、奈良時代の邑《むら》の名前である。平安時代の『和名類聚抄《わみょうるいじゅしょう》』では、葛上郡《かつじょうぐん》高宮郷があり、必ずしもそのまま高宮邑が受け継がれたとは限らないが、同じ地域の地名として残っている。しかし、そののちの高宮がまったくつかめない。現在の大字には残っておらず、高宮邑はおろか高宮郷の所在地がわからない。

鎌倉時代の終わり頃になって、『日本書紀』の解釈書として『釈日本紀《しゃくにほんぎ》』があらわされ、そのなかで葛城高宮の探求がおこなわれている。そこでは或説《あるせつ》として『暦録《れきろく》』を引用し、一言主《ひとことぬし》神社が葛城山東麓の「高宮岡の上」に奉祭されたとした。現在の一言主神社は御所市森脇《もりわき》にあり、森脇、宮戸《みやど》、名柄のあたりが長らく高宮の有力な候補地とされてきた。付近での発掘調査は進んでいないが、このあたりは、居住地にふさわしい環境である。さらに、名柄遺跡では古墳時代の居館が検出され、木製の武器・武具などが出土した。南郷遺跡群が急斜面に立地するのに対し、一帯は緩斜面になっており、南郷遺跡群より交通の便・水の便など居住環境がよい。南郷遺跡群では王が政治を実践した場所はみつかったが、確実にそれとわかる居住空間がみつかっていない。遺跡群の北端にある多田桧木本遺跡では、身分の高い人物の居住空間が確認されたので、それより北側に、王の居住地がみつかる可能性は高い。

わたしは森脇、名柄から南郷遺跡群におよぶ約四・七平方キロの範囲が、すべて古墳時代中期の遺跡であり、この広大な範囲が葛城高宮の範囲と重なるものと、大胆に推定している。一方、和田萃氏は森脇付近を高宮、南郷遺跡群を桑原に比定する。また、塚口義信氏は、高宮を奈良時代の寺院である高宮廃寺付近に求めている。

2　王の墳墓

掖上鑵子塚古墳

南郷遺跡群内には、一般住民のものと推定される土器棺墓があり、親方層は南郷遺跡群のすぐ東側の巨勢山古墳群などに墳墓を営んだと推定してきた。それでは、極楽寺ヒビキ遺跡や南郷大東遺跡にかかわる王の古墳は、どこにあるのだろうか。

葛城地域最大の前方後円墳である室宮山古墳と南郷遺跡群は、その位置関係からみても、また室宮山古墳の家形埴輪と極楽寺ヒビキ遺跡で確認された大型建物からみても、両者に密接な関係があることは疑いがない。しかし、くり返し述べてきているように、室宮山古墳築造後に、南郷遺跡群が葛城の王の支配拠点となるのであって、室宮山古墳に埋葬された人物が、南郷遺跡群を経営していたとは考えられないのである。

その意味で注目されるのが、掖上鑵《わきがみかん》子《す》塚《づか》古墳で（図51）、埋葬施設の発掘調査は実施されていないが、古墳時代中期中頃の築造年代が想定される。また、室宮山古墳と同じ形と想定できる家形埴輪の破片のほか、中国・朝鮮半島との密接な関係がうかがえる帯金具が知られており、室宮山古墳の次世代の墳墓であると考えられる。

この古墳は全長一五〇メートルの前方後円墳で、南郷遺跡群から奈良盆地

図51 ● **掖上鑵子塚古墳の航空写真**（上）**と採集遺物**（下）
採集遺物は、金銅製垂飾金具（左）と金銅製帯金具（右）、帯金具には図35の五條猫塚古墳出土品と同様、挂甲小札がくっついている。

に至る交通上の要地、国見山《くにみやま》の北側に築造されている。南郷遺跡群からは、距離にして北東に三・五キロで、高市郡《たかいち》と葛上郡の郡界であった曽我川を望む位置にある（図11参照）。葛城の王は、みずからの支配領域の東端部に近い峠を選び、ヤマトに臨むこの場所を墳墓の地としたと推定される。

3　葛城氏の支配領域

小葛城説と大葛城説

ここで想起されるのが『日本書紀』の雄略天皇四年の条で、雄略天皇が葛城の神格である一言主神と一緒に葛城山で狩猟をして、その後来目水《くめのかわ》で見送られたという記述である。来目水は、畝傍山の西側を流れていた川である。来目水のあたりは葛城氏の支配領域ではなかったと考えられる。わたしは、葛城氏の支配領域を桑原・佐糜《さび》・高宮・忍海という「葛城四邑」を中心とした地域であると考えている。これは葛城氏の版図を小さくみる「小葛城説」で、その立場に立つ代表的研究者は、和田萃氏である。

一方、「大葛城説」は多彩である。森浩一氏は葛城氏の支配領域を旧広瀬郡にある馬見《うまみ》古墳群の範囲まで広げ、これを葛城氏の墳墓ととらえる。塚口義信氏は葛城氏のなかに二つの系譜があり、玉田宿禰の系統は四邑を、葦田宿禰の系統は香芝市や上牧町付近を領域にしたとする。直木孝次郎氏は葛城氏が大和川を掌握していたとする。さらには、盆地中央部の島の山古墳までの広い領域を葛城氏の支配領域と考える白石太一郎氏の説などがある。

発掘調査によって証明された葛城の王都

そうしたなかで南郷遺跡の調査により、葛城の王都の存在が遺跡のうえから証明されたのである。遺跡群は、葛城の王の支配拠点である。ここで王のまつりが実践され、渡来人技術者を優遇し、その技術指導のもと多彩な手工業生産がおこなわれ、武器生産工房や工業団地、交易センターなどが計画的に配置されたことは、ここまで述べてきたとおりである。そして、そこからやや距離をおいた交通上の要地に室宮山古墳、さらに遠方の支配領域の東端部に掖上鑵子塚古墳という王墓を造営したのである。さらに、南郷遺跡群からは南方の佐糜の近辺に鴨神遺跡、北方の忍海には脇田遺跡や新庄屋敷山古墳・火振山古墳が存在する。それらの遺跡から、狭い「小葛城」の範囲を一体として完全支配した葛城氏の姿をここに復元することが可能である。

奈良盆地西南部において、工業団地と交易センターを確保し、交通路を完全に掌握して、物流を支配したことにより、葛城氏の権力基盤は盤石たるものだったといってよいだろう（図11参照）。小地域ではあっても、こうした強固なネットワークと経済基盤を保持していたことこそが、ヤマト王権のなかでひときわ勢威を誇ったという実力の背景であったのである。ネットワークの中核にあったのは南郷遺跡群と、その北側の名柄遺跡であり、その全体の広い範囲が葛城の王都である「高宮」であった。

4　葛城氏以後の南郷遺跡群

葛城氏の衰退と南郷遺跡群

古墳時代後期に入ると、南郷遺跡群の集落の規模は縮小する。『日本書紀』では、允恭天皇の時代に葛城玉田宿禰、雄略天皇の即位前に葛城円大臣がそれぞれ反乱をおこしたという。屋敷が燃え、円大臣は亡くなり、その力は一気に衰退したとされている。極楽寺ヒビキ遺跡を円大臣に関連づける和田萃氏説や、掖上鑵子塚古墳を葛城玉田宿禰の墓に比定する塚口義信氏説が提示されているとおり、南郷遺跡群の衰退もこれに呼応するかのようである。そして、葛城氏にかわってこの場所に深くかかわるのが蘇我《そが》氏である。渡来人と深いつながりをもち、仏教を崇拝した蘇我氏は、伝統的な信仰をもっていた物部氏との争いに勝利し、飛鳥時代に権勢をふるうことになる。

飛鳥～奈良時代の南郷遺跡群

こうしたなか、南郷遺跡群では飛鳥時代～奈良時代に、再び盛期をむかえる。

まず、遺跡群の中央に造営されるのが、ハカナベ古墳である（図52）。一辺一九メートルの方墳で、規模は小さいが、周濠の両側に貼石をもつ。さらにその外側には浅い外周溝をめぐらせて、外回りは一辺約四〇メートルと大きい。埋葬主体はことごとく盗掘されていたが、馬具や帯金具の残片があり、大きく破壊を受けた凝灰岩製の家形石棺の破片が大量に残っていた。

七世紀初頭の須恵器が出土しており、須恵器が示す年代や古墳の墳形、貼石の状況など、飛鳥の石舞台古墳をそのまま縮小したかのようであり、わたしはこの古墳を「ミニ石舞台古墳」と表現した。また、南郷遺跡群の南側の御所市伏見《ふしみ》において、ドンド垣内《かいち》五号墳が調査され、一辺一七メートルの貼石を施した二段築成の方墳であることが確認されている。

さらに、飛鳥時代の後半から奈良時代にかけて、集落の営みが再び活発化する。下茶屋地蔵谷《しもちゃやじぞうだに》遺跡で検出されたのはこの時代の川だが、そこからおびただしい量の木製品や土器、瓦などが出土した。遺物には掌にのるような小型の鴟尾《しび》があったほか、子持勾玉などの石製品、帯金具、「□奴原五十戸」（□は判読不能）と記された木簡、斎串《いぐし》なども出土している。五〇戸を一単位とする里《り》（郡・郷の下の行政単位）が付近にあって、□奴原とよばれていたらしいこと、それを統括する里長《さとおさ》の存在なども考えられている。また、瓦が出土しており、小型鴟尾をのせた厨子《ずし》を安置するような小堂があって、信仰の対象となっていたであろうことも想像に難くない。

遺跡群の北端にある多田桧木本遺跡では、古墳時代の居館

図 52 ● ハカナベ古墳（上空南側から）
石室開口部が中央にみえるが盗掘により石材を失う。周濠の両側に貼石をもつ。

が改造され、飛鳥〜奈良時代には多くの掘立柱建物が建てられて、集落の景観をなしていたと考えられるが、その中央で奈良時代の巨大な自然石の礎石が検出されている。石の中央に凹みがあり、塔の心礎や門の軸石であった可能性がある。遺跡群の南端には二光寺廃寺《にこうじはいじ》がある（図53）。基壇をともなう瓦葺きの礎石建物が検出され、多くの特徴ある塼仏《せんぶつ》が出土した。塼仏は、金堂の壁面を飾ったものと推定される。寺院の年代は飛鳥時代の後半（白鳳時代）にあたる。このほか、遺跡群内では、下茶屋カマ田遺跡・佐田柚ノ木遺跡などで飛鳥〜奈良時代の建物、佐田クノ木遺跡では地鎮具または胞衣壺《えなつぼ》と推定される銭を納めた土器埋納遺構がある。土器や瓦などの遺物が出土している地点は枚挙にいとまがない。とりわけ、遺跡群内で出土している飛鳥時代の瓦から、付近に瓦窯が存在することが予見されていることも注目できる。この遺跡において、さまざまな手工業生産が再開されたのである。

蘇我氏の擡頭

ところで、飛鳥時代の葛城地域をみるとき、まず想

図53 ● 二光寺廃寺
金堂の基壇と考えられる礎石建物を東からのぞむ。背後には金剛山。

起されるのは、『日本書紀』推古天皇三二年（六二四）の記事である。蘇我馬子《そがのうまこ》は推古天皇に、葛城の地は元来蘇我氏の領域であるので、その土地を譲ってほしいと願い出たという。さらに、その子蝦夷《えみし》は、皇極天皇元年（六四二）に、葛城高宮に祖廟《そびょう》を建て、そこで八佾《やつら》の舞を挙行した。祖廟というのは、祖先の霊魂を祭る御霊屋のことであり、八佾の舞というのは六四人が八列に並んで踊る舞で、中国では天子だけに許されるものである。この記事は蘇我氏の専横を物語るものとして名高い。しかし、蘇我氏が葛城地域にどの程度の影響をおよぼしたのかは、実際の遺跡のうえではわかっていなかった。

蘇我馬子は、明日香村の石舞台古墳に葬られた可能性が高いといわれている。そうしたなかで、南郷遺跡群で「ミニ石舞台古墳」が発見されたのである。さらに注目すべきは、渡来人や生産者集団とのかかわりである。南郷遺跡群において生産活動が再開されたのは、政権が関与し、生産者集団が再編成されたことを意味するものと思われる。蘇我氏は政権のなかで、渡来人と深くかかわった東漢《やまとのあや》氏を主導し、生産工人を再編成する役割を担っていたと考えられる。さらに、蘇我氏は仏教を崇拝し、寺院の建設をすすめたが、南郷遺跡群のなかの厨子や寺院は、渡来系の生産工人を先祖にする集団のものであり、蘇我氏の影響のもとにつくられたものとみてよいだろう。

このように葛城氏の一大支配拠点である高宮が、飛鳥～奈良時代には蘇我氏の強い影響をうけて変貌していった様子を、南郷遺跡群の状況から読みとることが可能なのである。

平安時代以降の南郷遺跡群

平安時代以降、南郷遺跡群の集落の規模は再び小さくなる。平安時代における集落の営みが確認できるのは下茶屋カマ田遺跡で、井戸や建物跡などがみつかっている。九〜一〇世紀の緑《りょく》釉《ゆう》陶器・灰釉《かいゆう》陶器や黒色土器などが出土した。また、南郷田鶴遺跡では、平安時代の火葬墓が検出されている。

鎌倉〜室町時代の遺構では、下茶屋地蔵谷遺跡が注目できる。ここでは、石組の井戸が全部で七基、掘立柱建物一〇棟以上、区画溝などの遺構が検出された。井戸の石の組み方は、四角く組んだ独特のものである。青磁などの輸入陶磁は少なく、瓦質の擂鉢《すりばち》などの土器が大量に出土している。一五世紀後半〜一六世紀前半のもので、風ノ森峠を越え高野山《こうやさん》へ向かう高野街道の旧ルート沿いの小規模な村落と考えられる。現在の景観に近いものがあるが、やがて街道のルートが東に移動し、ほどなくこの集落は断絶をむかえる。

南郷遺跡群では、江戸時代の遺構・遺物は乏しい。江戸時代は、現状の景観に近いものだったのだろう。ただし、棚田はほとんどなく、畑や果樹園が多かったにちがいない。古墳時代の大開発以降、この場所が山林となることはなかったのである。これもまた、葛城氏がこの地に与えた影響の一つとみてよいだろう。

なお、発掘調査のあと、遺構が確認された部分については協議がおこなわれ、関係者のご尽力によって盛り土を施し、遺跡を保存した場合も多い。遺跡の大部分は、圃場整備事業が施工されたあとの棚田の地下に、今は静かに眠っている。

南郷遺跡群の意義

南郷遺跡群の発掘調査は、少し大げさな言い方をすれば、これまでの古墳時代の研究を大きく前進させたものといえる。古墳時代とは、いったいどんな時代なのか。どういう人が大きな前方後円墳に葬られたのか。そして、その前方後円墳の被葬者たちは、どのように地域を支配し、どのように権力を行使したのか。単純なようで、この問題の解答はむずかしい。

南郷遺跡群の発掘調査によって、地域支配を貫徹した王の姿をみることができた。上記の問題のうち、古墳の被葬者たちとその地域支配のありようを説く第一歩は踏み出せたといえそうである。ただし、王の居住地や相互の遺跡の年代、性格の詳細、相関関係など不明な点はまだまだ多い。

遺跡には無限大の歴史情報が集積されている。遺跡に学び、古墳と豪族居館、集落、生産遺跡、祭祀遺跡という、遺跡と遺跡の関係のなかで研究をすすめれば、歴史の新たなページが開かれる。南郷遺跡群とその周辺には、それがまさに凝集されている。本書をお読みくださった方々に、その一端を少しでも感じていただけたのなら、目的は達せられたといえるだろう。

なお、本書は南郷大東遺跡、南郷安田遺跡、南郷田鶴遺跡、井戸大田台遺跡、佐田クノ木遺跡などの調査成果を青柳泰介が執筆した。それに加筆・編集をおこない、そのほかの調査成果や全般的な意義、所見などを加えたのが坂靖である。したがって、内容上の責任は坂にあることをここに付記しておきたい。

主要参考文献

〈文献〉
加藤謙吉　2002『大和の豪族と渡来人』吉川弘文館
黒田龍二　2006「極楽寺ヒビキ遺跡大型掘立柱建物（建物 1）の復元とその諸問題」『考古学論攷』第 29 冊
御所市教育委員会　2003『古代葛城とヤマト政権』学生社
白石太一郎　2000『古墳と古墳群の研究』塙書房
塚口義信　1993『ヤマト王権の謎をとく』学生社
直木孝次郎　2005『古代河内政権の研究』塙書房
坂　靖　2010「葛城の渡来人〜豪族の本拠を支えた人々〜」『研究紀要』第 15 集、財団法人由良大和古代文化研究協会
和田　萃　1979「紀路と曽我川」『古代の地方史 3』朝倉書店
和田　萃　1994「渡来人と日本文化」『岩波講座日本通史』第 3 巻　岩波書店
〈特別展図録〉
奈良県立橿原考古学研究所附属博物館　1995『古代葛城の王─王をささえた技術者集団─』
同　上　2003『カミよる水のまつり─「導水」の埴輪と王の治水─』
同　上　2006『葛城氏の実像─葛城の首長とその集落─』
〈報告書〉
奈良県立橿原考古学研究所『南郷遺跡群Ⅰ～Ⅴ』奈良県立橿原考古学研究所調査報告
同　上　『極楽寺ヒビキ遺跡』奈良県文化財調査報告
同　上　『奈良県遺跡調査概報』1994 年度～ 2006 年度

博物館紹介

奈良県立橿原考古学研究所附属博物館

・奈良県橿原市畝傍町 50 − 2
・電話　0744（24）1185　　http://www.kashikoken.jp/museum/
・開館時間　9：00 ～ 17：00（入館は 16：30 まで）
・休館日　月曜日（月曜日が休日の場合は開館、翌日休館）、年末年始。年に数日臨時休館日がある。
・入館料　大人 400 円、学生(大・高校生）300 円、小人 200 円（特別展開催期間中は、特別展入館料が必要）
・交通　近鉄橿原線畝傍御陵前駅下車、徒歩 5 分。近鉄南大阪線橿原神宮前駅下車、徒歩 15 分

現在、南郷遺跡群は埋め戻されて見学できないが、博物館で出土した遺物や遺構の模型をみることができる。室宮山古墳から出土した家や盾形の埴輪なども展示されている。

南郷遺跡群出土遺物の展示

刊行にあたって

「遺跡には感動がある」。これが本企画のキーワードです。

あらためていうまでもなく、専門の研究者にとっては遺跡の発掘こそ考古学の基礎をなす基本的な手段です。また、はじめて考古学を学ぶ若い学生や一般の人びとにとって「遺跡は教室」です。

日本考古学では、もうかなり長期間にわたって、発掘・発見ブームが続いています。そして、毎年厖大な数の発掘調査報告書が、主として開発のための事前発掘を担当する埋蔵文化財行政機関や地方自治体などによって刊行されています。そこには専門研究者でさえ完全には把握できないほどの情報や記録が満ちあふれています。しかし、その遺跡の発掘によってどんな学問的成果が得られたのか、その遺跡やそこから出た文化財が古い時代の歴史を知るためにいかなる意義をもつのかなどといった点を、莫大な記述・記録の中から読みとることははなはだ困難です。ましてや、考古学に関心をもつ一般の社会人にとっては、刊行部数が少なく、数があっても高価なその報告書を手にすることすら、ほとんど困難といってよい状況です。

いま日本考古学は過多ともいえる資料と情報量の中で、考古学とはどんな学問か、また遺跡の発掘から何を求め、何を明らかにすべきかといった「哲学」と「指針」が必要な時期にいたっていると認識します。

本企画は「遺跡には感動がある」をキーワードとして、発掘の原点から考古学の本質を問い続ける試みとして、日本考古学が存続する限り、永く継続すべき企画と決意しています。いまや、考古学にすべての人びとの感動を引きつけることが、日本考古学の存立基盤を固めるために、欠かせない努力目標の一つです。必ずや研究者のみならず、多くの市民の共感をいただけるものと信じて疑いません。

監　修　戸沢　充則

編集委員　勅使河原彰　小野　昭　小野　正敏　石川日出志　小澤　毅　佐々木憲一

著者紹介

坂　靖（ばん・やすし）

1961年生まれ。同志社大学大学院文学研究科修了、博士（文化史学）。

現在、奈良県立橿原考古学研究所附属博物館 総括学芸員。

主な著作 『古墳時代の遺跡学―ヤマト王権の支配構造と埴輪文化―』（雄山閣）

青柳泰介（あおやぎ・たいすけ）

1968年生まれ。同志社大学大学院文学研究科修了。

現在、奈良県立橿原考古学研究所 主任研究員。

主な著作 「葛城とワニ」『古代近畿と物流の考古学』（学生社）、「大和の渡来人」『ヤマト王権と渡来人』（サンライズ出版）

写真提供・所蔵

奈良県立橿原考古学研究所：図1・6・12・14・16〜18・21・22・24・25(下)・26(ヒョウタン、翳形木製品)・30〜33・36・37・40〜42・44〜46・49〜51(下)〜53、奈良県立橿原考古学研究所附属博物館：図8・9・13・19・20・23・25(上)・26(琴、燃えさし、刀装具、刀・剣形木製品と鞘、木箱の蓋他)・43・47、梅原章一：図4・7・51(上)、御所市教育委員会：図9・10・13、八尾市歴史民俗資料館：図28、奈良国立博物館：図35、韓国国立文化財研究所：図38

図版出典

図13：御所市教育委員会編『葛城の前期古墳　鴨都波1号墳調査概報』学生社2001、図15：奈良県立橿原考古学研究所編『極楽寺ヒビキ遺跡』2005を改変、図19・20：黒田龍二、図27：奈良県立橿原考古学研究所附属博物館2003、図34：『南郷遺跡群Ⅰ』、図48：『南郷遺跡群Ⅱ』・『南郷遺跡群Ⅳ』

上記以外は筆者撮影・作成

シリーズ「遺跡を学ぶ」079

葛城《かづらき》の王都・南郷《なんごう》遺跡群

2011年10月15日　第1版第1刷発行

著　者＝坂　靖、青柳泰介

発行者＝株式会社 新 泉 社
東京都文京区本郷2－5－12
振替・00170-4-160936番　TEL03(3815)1662／FAX03(3815)1422
印刷／萩原印刷　製本／榎本製本

ISBN978-4-7877-1049-9　C1021

シリーズ「遺跡を学ぶ」

A5判／96頁／定価各1500円＋税

第Ⅰ期（全31冊完結・セット函入46500円＋税）

01 北辺の海の民・モヨロ貝塚　米村衛
02 天下布武の城・安土城　木戸雅寿
03 古墳時代の地域社会復元・三ツ寺Ⅰ遺跡　若狭徹
04 原始集落を掘る・尖石遺跡　勅使河原彰
05 世界をリードした磁器窯・肥前窯　大橋康二
06 五千年におよぶムラ・平出遺跡　小林康男
07 豊饒の海の縄文文化・曽畑貝塚　木﨑康弘
08 未盗掘石室の発見・雪野山古墳　佐々木憲一
09 氷河期を生き抜いた狩人・矢出川遺跡　堤隆
10 描かれた黄泉の世界・王塚古墳　柳沢一男
11 江戸のミクロコスモス・加賀藩江戸屋敷　追川吉生
12 北の黒曜石の道・白滝遺跡群　木村英明
13 古代祭祀とシルクロードの終着地・沖ノ島　弓場紀知
14 黒潮を渡った黒曜石・見高段間遺跡　池谷信之
15 縄文のイエとムラの風景・御所野遺跡　高田和徳
16 鉄剣銘一一五文字の謎に迫る・埼玉古墳群　高橋一夫
17 石にこめた縄文人の祈り・大湯環状列石　秋元信夫
18 土器製塩の島・喜兵衛島製塩遺跡と古墳　近藤義郎
19 縄文の社会構造をのぞく・姥山貝塚　堀越正行
20 大仏造立の都・紫香楽宮　小笠原好彦
21 律令国家の対蝦夷政策・相馬の製鉄遺跡群　飯村均
22 筑紫政権からヤマト政権へ・豊前石塚山古墳　長嶺正秀
23 弥生実年代と都市論のゆくえ・池上曽根遺跡　秋山浩三
24 最古の王墓・吉武高木遺跡　常松幹雄
25 石槍革命・八風山遺跡群　須藤隆司
26 大和葛城の大古墳群・馬見古墳群　河上邦彦
27 南九州に栄えた縄文文化・上野原遺跡　新東晃一
28 泉北丘陵に広がる須恵器窯・陶邑遺跡群　中村浩
29 東北古墳研究の原点・会津大塚山古墳　辻秀人
30 赤城山麓の三万年前のムラ・下触牛伏遺跡　小菅将夫
別01 黒耀石の原産地を探る・鷹山遺跡群　黒耀石体験ミュージアム

第Ⅱ期（全20冊完結・セット函入30000円＋税）

31 日本考古学の原点・大森貝塚　加藤緑
32 斑鳩に眠る二人の貴公子・藤ノ木古墳　前園実知雄
33 聖なる水の祀りと古代王権・天白磐座遺跡　辰巳和弘
34 吉備の弥生大首長墓・楯築弥生墳丘墓　福本明
35 最初の巨大古墳・箸墓古墳　清水眞一
36 中国山地の縄文文化・帝釈峡遺跡群　河瀬正利
37 縄文文化の起源をさぐる・小瀬ヶ沢・室谷洞窟　小熊博史
38 世界航路へ誘う港市・長崎・平戸　川口洋平
39 武田軍団を支えた甲州金・湯之奥金山　谷口一夫
40 中世瀬戸内の港町・草戸千軒町遺跡　鈴木康之
41 松島湾の縄文カレンダー・里浜貝塚　会田容弘
42 地域考古学の原点・月の輪古墳　近藤義郎・中村常定
43 天下統一の城・大坂城　中村博司
44 東山道の峠の祭祀・神坂峠遺跡　市澤英利
45 霞ヶ浦の縄文景観・陸平貝塚　中村哲也
46 律令体制を支えた地方官衙・弥勒寺遺跡群　田中弘志
47 戦争遺跡の発掘・陸軍前橋飛行場　菊池実
48 最古の農村・板付遺跡　山崎純男
49 ヤマトの王墓・桜井茶臼山古墳・メスリ山古墳　千賀久
50 「弥生時代」の発見・弥生町遺跡　石川日出志

第Ⅲ期（全26冊完結・セット函入39000円＋税）

51 邪馬台国の候補地・纒向遺跡　石野博信
52 鎮護国家の大伽藍・武蔵国分寺　福田信夫
53 古代出雲の原像をさぐる・加茂岩倉遺跡　田中義昭
54 縄文人を描いた土器・和台遺跡　新井達哉
55 古墳時代のシンボル・仁徳陵古墳　一瀬和夫
56 大友宗麟の戦国都市・豊後府内　玉永光洋・坂本嘉弘
57 東京下町に眠る戦国の城・葛西城　谷口榮
58 伊勢神宮に仕える皇女・斎宮跡　駒田利治
59 武蔵野に残る旧石器人の足跡・砂川遺跡　野口淳
60 南国土佐から問う弥生時代像・田村遺跡　出原恵三
61 中世日本最大の貿易都市・博多遺跡群　大庭康時
62 縄文の漆の里・下宅部遺跡　千葉敏朗
63 東国大豪族の威勢・大室古墳群〔群馬〕　前原豊
64 新しい旧石器研究の出発点・野川遺跡　小田静夫
65 旧石器人の遊動と植民・恩原遺跡群　稲田孝司
66 古代東北統治の拠点・多賀城　進藤秋輝
67 藤原仲麻呂がつくった壮麗な国庁・近江国府　平井美典
68 列島始原の人類に迫る熊本の石器・沈目遺跡　木﨑康弘
69 奈良時代からつづく信濃の村・吉田川西遺跡　原明芳
70 縄紋文化のはじまり・上黒岩岩陰遺跡　小林謙一
71 国宝土偶「縄文ビーナス」の誕生・棚畑遺跡　鵜飼幸雄
72 鎌倉幕府草創の地・伊豆韮山の中世遺跡群　池谷初恵
73 東日本最大級の埴輪工房・生出塚埴輪窯　高田大輔
74 北の縄文人の祭儀場・キウス周堤墓群　大谷敏三
75 浅間山大噴火の爪痕・天明三年浅間災害遺跡　関俊明
別02 ビジュアル版 旧石器時代ガイドブック　堤隆

第Ⅳ期　好評刊行中

76 遠の朝廷・大宰府　杉原敏之
77 よみがえる大王墓・今城塚古墳　森田克行
78 信州の縄文早期の世界・栃原岩陰遺跡　藤森英二
79 葛城の王都・南郷遺跡群　坂靖・青柳泰介
80 房総の縄文大貝塚・西広貝塚　忍澤成視